一生使える！
お酢の作りおき大全

だいぼう かおり

PHP

はじめに

　お酢は日本食には欠かせない調味料のひとつです。昔からその殺菌作用を生かして寿司や魚を締めたりして食べられてきました。

　しかし最近の食生活の中で酸っぱいものを食べる機会が減ったためか、特に若い方で酸っぱいものが苦手な方が多くなったように感じます。私の息子も酸っぱいというだけで箸が止まることがよくあります。そんな酸味のあるものが苦手な方も、お寿司ややわらかく仕上がったお肉、デザートやドリンクなら大丈夫なのでは？

　お酢にはさまざまな働きがあります。お肉やお魚の臭みをとったりやわらかくするだけでなく、健康のためにもぜひ使いたい調味料なのです。本書を読めば「お酢をとらないなんてもったいない！」と思われるに違いありません。

　また、からだにいいことは知っているし、酸っぱいものは好きだけど「飽きずに続けられる、とり入れ方が分からない……」という方も多いのでは？

　本書では、そんな酸っぱいものが好きな方も苦手な方も、おいしく食べながら健康を手に入れていただくためのレシピを紹介します。

　酢の物や和え物だけではありません。酸っぱいものが苦手な方でも食べやすいように、はちみつやフルーツの甘味をプラスしたり、甘味を感じる食材と組み合わせて、毎日の食事にとり入れやすいレシピをたくさん考えました。多めに作っておけば作りおきもできます。

　普段から積極的にとることで、お酢から毎日を元気に過ごすための力を借りて、心もからだも元気になりましょう。

一生使える！
お酢の作りおき大全
【目次】

はじめに ……………………………………………… 3

本書の特徴 ………………………………………… 9

本書の使い方 ……………………………………… 10

保存の注意 ………………………………………… 11

だし汁について …………………………………… 12

お酢の豆知識 ……………………………………… 13

お酢の種類 ………………………………………… 14

作りおき料理の食べ方 …………………………… 15

手作りマヨネーズの作り方 ……………………… 16

1章
常備するとこんなに使える！
作りおき酢

（写真／作り方）

■ 毎日の食事で使える作りおき酢
● 酢レモン ………………………………… 18／20

（写真／作り方）

● 酢たまねぎ ……………………………… 18／20

● 酢しょうが ……………………………… 19／21

● 酢にんじん ……………………………… 19／21

● 酢にんにく ……………………………… 22／24

● 酢キャベツ ……………………………… 22／24

● 酢トマト ………………………………… 23／25

■ 常備菜やアクセントに使える作りおき酢
● 酢きのこ ………………………………… 26／28

● 酢ねぎ …………………………………… 26／28

● 青じそ酢 ………………………………… 27／29

● 赤唐辛子酢 ……………………………… 27／29

● 酢パプリカ ……………………………… 30／32

● 酢ごぼう ………………………………… 30／32

● 酢大根 …………………………………… 31／33

● 酢ナッツ ………………………………… 31／33

■ 乾物の作りおき酢
● 酢大豆・酢黒豆 ………………………… 34／36

● 酢かんぴょう …………………………… 35／37

● 酢切干し大根 …………………………… 35／37

● 酢こんぶ ………………………………… 38／40

● 酢かつお節 ……………………………… 38／40

（写真／作り方）

- 酢煮干し ……………………………………………… 39／41
- 酢干ししいたけ ……………………………………… 39／41
- 酢干しえび …………………………………………… 42／44
- 酢きくらげ …………………………………………… 42／44
- 酢ひじき ……………………………………………… 43／45

■ フルーツの作りおき酢

- 酢いちご ……………………………………………… 46／48
- 酢バナナ ……………………………………………… 46／48
- 酢グレープフルーツ ………………………………… 47／49
- 酢ブルーベリー ……………………………………… 47／49
- 酢キウイ ……………………………………………… 50／52
- 酢りんご ……………………………………………… 50／52
- 酢干しぶどう ………………………………………… 51／53
- 酢ゆず ………………………………………………… 51／53
- 酢パイナップル ……………………………………… 54／56
- 酢オレンジ …………………………………………… 55／57

■ 隠し味に使える作りおき酢

- 塩麹酢 ………………………………………………… 58／60
- 酢梅干し ……………………………………………… 58／60
- 黒すりごま酢 ………………………………………… 59／61

（写真／作り方）

■ 作りおき酢を使ったアレンジ

- 酢かつお節の土佐酢 ………………………………… 62／64
- 酢こんぶの三杯酢 …………………………………… 63／64
- 酢煮干しの二杯酢 …………………………………… 63／64

2章
作りおき酢を使った
かんたんレシピ

（写真／作り方）

■ 毎日の食事で使える作りおき酢を使ったレシピ

- フルーツレモンスカッシュ（酢レモン）…………… 66／68
- レモンピラフ（酢レモン）…………………………… 66／68
- アボカドタルティーヌ（酢たまねぎ）……………… 67／69
- オレンジジンジャーエール（酢しょうが）………… 70／72
- あさりの酒蒸し（酢しょうが）……………………… 70／72
- にんじんラペサンド（酢にんじん）………………… 71／73
- バーニャカウダ（酢にんにく）……………………… 74／76
- 豆乳クリームパスタ（酢にんにく）………………… 75／77
- 塩焼きそば（酢キャベツ）…………………………… 78／80

（写真／作り方）

● ミネストローネ（酢トマト）‥‥‥‥‥‥‥‥‥‥ 79／81
● さっぱりナポリタン（酢トマト）‥‥‥‥‥‥‥‥ 82／84

■ 常備菜やアクセントに使える作りおき酢を使ったレシピ

● きのこのあんかけ豆腐ステーキ（酢きのこ）‥‥‥ 83／85
● サンラータン（酢きのこ）‥‥‥‥‥‥‥‥‥‥ 86／88
● まぐろとトマトの酢ねぎ和え（酢ねぎ）‥‥‥‥‥ 87／89
● 酢ねぎと根菜汁（酢ねぎ）‥‥‥‥‥‥‥‥‥‥ 90／92
● 鮭と青じそ混ぜ寿司（青じそ酢）‥‥‥‥‥‥‥ 91／93
● 冷やし担々麺（赤唐辛子酢）‥‥‥‥‥‥‥‥‥ 94／96
● 酢パプリカマリネの冷製パスタ（酢パプリカ）‥‥ 95／97
● お刺身サラダ（酢ナッツ）‥‥‥‥‥‥‥‥‥‥ 98／100

■ 乾物の作りおき酢を使ったレシピ

● 大豆とれんこんの白和え（酢大豆）‥‥‥‥‥‥ 99／101
● かんぴょう混ぜ寿司（酢かんぴょう）‥‥‥‥‥ 102／104
● 切干し大根チャーハン（酢切干し大根）‥‥‥‥ 103／105
● 豚肉と干ししいたけのおこわ（酢干ししいたけ）
　‥‥‥‥‥‥‥‥‥‥‥‥‥‥‥‥‥‥‥‥ 106／108
● 酢ひじきのり巻き（酢ひじき）‥‥‥‥‥‥‥‥ 107／109

■ フルーツの作りおき酢を使ったレシピ

● いちごシェイク（酢いちご）‥‥‥‥‥‥‥‥‥ 110／112

（写真／作り方）

● ティラミス（酢バナナ）‥‥‥‥‥‥‥‥‥‥ 111／113
● カルパッチョ（酢グレープフルーツ）‥‥‥‥‥ 114／116
● 紫キャベツのグレープフルーツ風味
　（酢グレープフルーツ）‥‥‥‥‥‥‥‥‥‥ 115／117
● 豆乳レアチーズケーキ（酢ブルーベリー）‥‥‥ 118／120
● たこの酢キウイ和え（酢キウイ）‥‥‥‥‥‥ 119／121
● 長芋の酢キウイ添え（酢キウイ）‥‥‥‥‥‥ 119／121
● ホットアップルティー（酢りんご）‥‥‥‥‥ 122／124
● りんごパイ（酢りんご）‥‥‥‥‥‥‥‥‥‥ 123／125
● ゆずそば（酢ゆず）‥‥‥‥‥‥‥‥‥‥‥‥ 126／128

■ 隠し味に使える作りおき酢を使ったレシピ

● レタスナムル（黒すりごま酢）‥‥‥‥‥‥‥ 127／128

3章
お酢を使った作りおきレシピ

（写真／作り方）

肉

● 鶏手羽先の甘辛煮（酢たまねぎ）‥‥‥‥‥‥ 130／132

（写真／作り方）

- ローストチキン（酢しょうが）………… 131／133
- にんじんの牛肉巻き（酢にんじん）……… 134／136
- 牛肉のにんにくみそ炒め（酢にんにく）… 135／137
- シュークルート（酢キャベツ）…………… 138／140
- きのこソースハンバーグ（酢きのこ）…… 139／141
- ゆで豚の酢ねぎ和え（酢ねぎ）…………… 142／144
- 酢大根と豚肉炒め（酢大根）……………… 143／145
- 砂肝のナッツ炒め（酢ナッツ）…………… 146／148
- チリコンカン（酢黒豆）…………………… 147／149
- かんぴょう鶏そぼろ（酢かんぴょう）…… 150／152
- トマトスープカレー（酢干ししいたけ）… 151／153
- 蒸し鶏の具沢山ラー油がけ（酢干しえび）… 154／156
- きくらげ肉団子（酢きくらげ）…………… 155／157
- きくらげの卵炒め（酢きくらげ）………… 158／160
- 鶏ささみとセロリ和え（酢グレープフルーツ）…… 159／161
- ポークステーキ　ブルーベリーソース
  （酢ブルーベリー）…………………… 162／164
- レーズンスペアリブ（酢干しぶどう）…… 163／165
- 塩麹鶏天（塩麹酢）………………………… 166／168
- 鶏ひき肉とかぶの梅酢あん（酢梅干し）… 167／169
- 黒すりごま角煮（黒すりごま酢）………… 170／172

魚

- ほたて貝柱のレモングリル（酢レモン）………… 171／173
- サーモンのレモン蒸し（酢レモン）……………… 174／176
- 鯖のカレーチーズ焼き（酢たまねぎ）…………… 175／177
- カジキのジンジャーソース（酢しょうが）……… 178／180
- 酢キャベツのキッシュ風（酢キャベツ）………… 179／181
- イカの酢トマト炒め（酢トマト）………………… 182／184
- 海鮮ねぎにらチヂミ（酢ねぎ）…………………… 183／185
- アジフライ　青じそタルタルソース（青じそ酢）
  …………………………………………………… 186／188
- えびのピリ辛甘酢炒め（赤唐辛子酢）…………… 187／189
- ツナスコップコロッケ（酢パプリカ）…………… 190／192
- 鯛のこぶ締め（酢こんぶ）………………………… 191／193
- ししとうと煮干し炒め（酢煮干し）……………… 194／196
- 酢じゃこ（酢煮干し）……………………………… 194／196
- ズッキーニとたらこの二杯酢和え（酢煮干し）
  …………………………………………………… 195／197
- ブリのゆずしょうゆ漬け（酢ゆず）……………… 198／200
- 白身魚のパイナップルソース（酢パイナップル）… 199／201
- シーフードマリネ（酢パイナップル）…………… 202／204
- たらの香草パン粉焼き（塩麹酢）………………… 203／205
- 鯖のさっぱり梅煮（酢梅干し）…………………… 206／208

（写真／作り方）

野菜・その他

- レモンマーマレード（酢レモン）……………… 207／209
- コールスローサラダ（酢キャベツ）……………… 210／212
- きのことキャベツのスパイス炒め（酢きのこ）
  …………………………………………………… 211／213
- 麻婆そぼろ豆腐（赤唐辛子酢）………………… 214／216
- 野菜のかきあげ（酢ごぼう）…………………… 215／217
- 酢きんぴら（酢ごぼう）………………………… 218／220
- 酢大根のキムチ和え（酢大根）………………… 219／221
- ナッツサラダ（酢ナッツ）……………………… 222／224
- こんにゃくの大豆和え（酢大豆）……………… 223／225
- 切干し大根餅（酢切干し大根）………………… 226／228
- 焼きたけのことわけぎのぬた（酢こんぶ）…… 227／229
- こんぶの当座煮（酢こんぶ）…………………… 230／232
- 白菜の酢こんぶ漬け（酢こんぶ）……………… 231／233
- まいたけとれんこんのとろとろ酢和え（酢かつお節）
  …………………………………………………… 234／236
- きゅうりのうま味漬け（酢干しえび）………… 235／237
- ひじきのさっぱり和え（酢ひじき）…………… 238／240
- さっぱりポテトサラダ（酢りんご）…………… 239／241
- かぼちゃサラダ（酢干しぶどう）……………… 242／244
- 大根のモチモチ揚げ オレンジソース（酢オレンジ）
  …………………………………………………… 243／245

（写真／作り方）

- オレンジティーゼリー（酢オレンジ）………… 246／248
- 野菜の塩麹漬け（塩麹酢）……………………… 247／249
- 夏野菜の焼き浸し（酢梅干し）………………… 250／252
- 黒ごま蒸しなす（黒すりごま酢）……………… 251／253

おわりに ………………………………………………… 255

〈コラム〉

- 簡単便利表 …………………………………………… 25
- 手作りハーブビネガー …………………………… 45
- 作ってすぐ飲めるお酢ドリンク ………………… 57
- 漬けるだけで簡単、常備しておきたいピクルス …… 61
- 合わせ酢いろいろ ………………………………… 112
- 合わせ酢基本の配合 ……………………………… 124
- 手作りドレッシング ……………………………… 209

本書の特徴

　健康のため毎日飽きずにとれるように、いろいろな野菜、乾物、フルーツなどを漬け込みました。作りおき酢を常備して毎日の献立に少しずつ使いましょう。

1　本書では身近にある手に入りやすいお酢に野菜、乾物、フルーツなどを漬けた作りおき酢を作っています（1章）。はじめに、作りおき酢を使った簡単にできて、作りたてを食べたいレシピをご紹介します（2章）。

2　続いて、毎日作るのは大変でも、無理なく簡単にお酢をとるための作りおきレシピをご紹介します（3章）。作りおきなので子育てや両親の介護、仕事をしながら家事をこなす多くの方にも役立てていただけるでしょう。

3　作りおき酢のレシピで選んだお酢は一例にすぎません。レシピの分量を目安にして、好みのお酢を選び、自分だけの作りおき酢を作ってみてはいかがですか？

4　作りおき酢がない場合は、作りおき酢の漬け汁の分量を目安にして、お好みのお酢に変えて作ってみてください。風味や香りが少し変わりますが、十分おいしく仕上がります。
例えば
P68レモンピラフ
　　酢レモン…3切れ ➡ レモン …… 3切れ
　　レモンの漬け汁…大さじ2 ➡ お好みの酢 …… 大さじ1〜2

本書の使い方

▶ 分量について

1章の作りおき酢の分量は作りやすい分量です。2章の作りおき酢を使ったかんたんレシピは基本2人分。3章の作りおきレシピは基本4人分です。ただし、2、3章共にレシピによっては作りやすい分量のものもあります。

▶ 材料の分量について

本書で使用している素材の分量は、本文中に指定のない場合は下記の通りです。

〈分量の目安〉

- 小さじ1 ………… 5ml
- 大さじ1 ………… 15ml
- 1カップ ………… 200ml
- ひとつまみ …… 親指と人さし指、中指の指先で軽くつまんだ量
- 少々 ………… 親指と人さし指で軽くつまんだ量

- しょうが1片 ………… 親指大くらいの大きさ（約10g）
- しょうが1/2片 ……… 約5g
- しょうが1/4片 ……… 約3g
- にんにく1片 ………… 約10g
- にんにく1/2片 ……… 約5g
- にんにく1/4片 ……… 約3g
- たまねぎ1個 ………… 約200g

- たまねぎ3/4個 ……… 約150g
- たまねぎ1/2個 ……… 約100g
- たまねぎ1/4個 ……… 約55g
- たまねぎ1/10個 …… 約20g
- にんじん1本 ………… 約200g
- にんじん1/2本 ……… 約100g
- にんじん1/4本 ……… 約50g
- 米1合 ………………… 180ml

（計量するときの注意）　材料を計量するとき、青じそ酢、赤唐辛子酢、酢かつお節、塩麹酢、黒すりごま酢などは固形と漬け汁に分けにくいので合わせて計算してください。

▶ 作り方について

野菜を洗う、根菜などの皮をむく工程は表記していませんが、事前に行ってください。火の大きさは表記していませんが、基本は中火です。電子レンジ、オーブン、オーブントースターの加熱時間は機種や使用年数によって異なります。様子を見ながら調節してください。

保存の注意

保存容器

作りおき酢の保存には、酸に強く匂いがつきにくい、ガラスやホーロー製のふたが金属ではない容器がおすすめです。作りおきレシピの保存はプラスチック製でもよいでしょう。ただし、清潔で密閉性が高いものを使いましょう。

容器の消毒

耐熱性の素材なら使う前に煮沸消毒し、それ以外は洗剤を使ってきれいに洗います。どちらも清潔な布巾の上において自然乾燥させましょう。

保存方法

作りおきレシピは必ず冷ましてから詰めましょう。熱いまま詰めるとふたをしたときに蒸気がこもり、水滴がついて保存性が落ちます。詰めた具材の表面が乾燥しないようにラップで覆いましょう。保存中も、容器のふたに水滴がついたときはふきとりましょう。

使うとき

作りおき酢を使うときや、作りおきレシピを何回かに分けて食べるときは、必ず清潔な箸やスプーンを使って、使う分量、食べる分だけとりだしましょう。

保存期間

保存期間は目安です。保存状況や気候によって変わります。お酢は殺菌作用があるため保存に適していますが、まれにカビが生えたりすることもあります。匂い、味、見た目などで状態を判断してください。

◆ 食材が漬かりにくい場合
保存容器の大きさや形によっては食材が漬からないこともあります。しばらく置くと食材からでた水分で液面が上がります。もし1～2日置いても食材が漬からない場合は酢を適宜入れて軽く混ぜてください。

だし汁について

本書で使われているだし汁やスープは次のものを使っています。

> 時間があるときは
> だし汁にもこだわってみませんか?

だし汁

◆ 材料 (作りやすい分量)

水 ───── 2 1/2カップ
こんぶ ───── 5g (10×10cm角)
削り節 ───── 10g

作り方

1. こんぶは洗わずに汚れをふく。
2. 鍋に水、1を入れて10分以上おく。
3. 2を熱し、沸騰寸前にこんぶをとりだす。アクがある場合はすくいとる。
4. 削り節を入れてすぐに火を止める。そのまま1〜2分ほどおく。
5. 布巾やキッチンペーパーでこして使う。

保存期間

冷ましてから密閉容器に入れて
冷蔵保存3日

> 10分でも時間が惜しい、そんな忙しいときは
> 無理せず水に入れるだけの簡単水だし汁を。

水だし汁

◆ 材料 (作りやすい分量)

水 ───── 2 1/2カップ
こんぶ ───── 5g (10×10cm角)
煮干し ───── 10g

作り方

1. こんぶは洗わずに汚れをふく。煮干しは頭と内臓をとりのぞき身を2つに割る。
2. ふた付きの容器にすべての材料を入れて冷蔵庫で一晩おく。
3. こんぶと煮干しはとりだして使う。

保存期間

冷蔵保存2日

> じっくり煮込んだスープを使えば
> グッと本格的な味わいに。

洋風スープ

◆ 材料 (作りやすい分量)

鶏手羽先 ───── 3本
水 ───── 6カップ
野菜 (にんじん、たまねぎ、セロリなど) の皮や切れ端 ───── 約100g
ローリエ ───── 1枚

作り方

1. 手羽先は水できれいに洗う。
2. すべての材料を鍋に入れて熱し、煮立ったら弱火でアクをとりながら30〜40分ほど煮る。
3. 布巾やキッチンペーパーでこして使う。

保存期間

冷ましてから密閉容器に入れて
冷蔵保存2日

＊時間がないときは市販の固形や顆粒のスープの素を使用方法の表示通りに湯で溶いて使ってください。
＊野菜だけで作ってもOK。その場合は野菜の量を増やしてください。

お酢の豆知識

お酢は料理に酸味を加えておいしくするだけではなく、さまざまな健康効果や働きをもった積極的に使いたい調味料。健康のためには、1日に大さじ1杯＝15ml以上が目安です。そのためには毎食少しずつ料理に入れたり、飲みやすいドリンクなどにして毎日コツコツとり続けましょう。

成分

酢の主成分は「酢酸（さくさん）」という有機酸で、穀物や果実を発酵させた醸造酢が一般的です。酸味や香り、健康効果もすべてはこの酢酸から生まれます。

酢酸には疲労の回復を助けたり、ストレスをやわらげたりする働きや、血糖値を下げたり便秘の解消を助けたり、内臓脂肪を減らしたりする働きがあります。また、高い抗酸化作用があるので、美肌などさまざまな効果があると言われています。

お酢の効果

減塩を助ける

お酢の酸味は食塩を減らしても、味が薄くもの足りないと感じるのを補ってくれます。また素材やだし汁のうま味を引き立たせてくれるのでおいしく減塩できます。

殺菌・消臭効果

酢酸には殺菌効果があるため、食材をいたみにくくしてくれます。また、臭いの原因である細菌の繁殖を抑え、生臭さを中和する働きもあります。これらの働きが魚料理の生臭さを抑えたり、保存性を高めるため、作りおき用の調味料にぴったりなのです。

食材の変色防止

れんこんやごぼうなどアクが強い野菜は、切ると酸化するために変色しますが、切ってすぐ酢水にさらすと、この変色を防げます。また、野菜の色を鮮やかにする働きもあります。ピクルスや甘酢漬けなどに使うと、彩りの美しさが食欲を増進させます。

素材をやわらかくする

肉や魚のたんぱく質などに働きかけ、かたまりの肉がやわらかく仕上がったり、肉や魚も骨から身が離れて食べやすくなります。骨付きの肉や魚を丸ごと煮たりするときに重宝します。

脂っぽさをやわらげ、食欲を増進させる

脂っぽい料理に酢を入れるとさっぱりとして食べやすくなります。食欲が落ちているときもさわやかな酸味と独特の香りが味覚や嗅覚を刺激し、食欲を回復させてくれます。

お酢の種類

1 穀物酢

米、小麦、コーンなどを原料としてブレンドし、作られた酢。くせがなくスッキリしている。

2 米酢

主に米を原料として作られた酢。米だけで作られたものは純米酢とされる。マイルドでコクがある。日本では一番古い酢。

3 黒酢

米、玄米、大麦などを原料にして作られた酢。熟成期間が長く、発酵と熟成によって褐色の濃い色になる。酸味がやわらかく独特の香りとコクがある。

4 玄米酢

玄米を精白しないで作られた酢。独特の風味があり、香りやうま味が強いものが多い。

5 もろみ酢

沖縄の泡盛や焼酎を作るときに出るもろみを原料にして作られた酢。酸味やツンとした匂いが少ない。

6 りんご酢

りんごを原料として作られた酢。りんごのさわやかな風味と酸味が特徴。

7 ぶどう酢・ブルーベリー酢

ぶどうとブルーベリーの果汁から作られた酢。フルーツの風味が濃厚で、ドリンクにして飲むのが人気。

8 赤ワインビネガー

赤ワインから作られる酢。色は赤ワインのようで味に少し渋みを感じる。

9 白ワインビネガー

白ワインからさらに発酵、熟成をさせて作られる酢。白ワインのように軽く、酸味がある。

10 バルサミコ酢

イタリア発祥で、ぶどう果汁を煮詰めて熟成させ長期間寝かせて作られる。酸味がまろやかで甘みもあり、複雑な香りがする。

そのほか、かき、いちじく、なし、みかん、ざくろなど、いろいろな果物の酢もあります。

作りおき料理の食べ方

▶和え物、漬け物、サラダ、マリネ

和え物、漬け物、サラダ、マリネなどは冷蔵庫から出してそのまま食べられます。煮物、炒め物など温めなおして食べたいものは、耐熱皿に食べる量だけとり分け、ラップをして電子レンジで様子を見ながら温めましょう。食品用の耐熱ポリ袋に入れ、湯煎で温めなおしてもよいでしょう。

▶揚げ物、焼き物、オーブン、オーブントースターで調理したもの

揚げ物、焼き物、オーブン、オーブントースターで調理したものはフライパン、オーブントースターまたはオーブンで温めなおします。フライパンで温めなおすときは弱火で上下を返しながら、オーブン、オーブントースターを使うときは様子を見ながら焦げそうならアルミホイルをかぶせましょう。揚げ物はオーブン、オーブントースターで温めると余分な油が落ちてカラッと仕上がります。

▶煮込み料理

煮込み料理は鍋に移して焦げないように混ぜながらしっかりと温めましょう。

▶お弁当に入れるとき

お弁当に入れるときも一度温めなおし、冷ましてから入れましょう。

手作りマヨネーズの作り方

　お酢を使って作る調味料のひとつにマヨネーズがあります。P69、188、212、241でもマヨネーズを使ったレシピを紹介しています。手作りマヨネーズは市販のものとは全く別物。一度食べたらもうやめられません。手作りマヨネーズを使って、いつもの味をワンランクアップさせてみませんか？　作り方は意外と簡単、ただひたすら混ぜるだけです。とろりとなめらかでクリーミーな手作りマヨネーズをぜひお試しください。

◆ **材料** (作りやすい分量)

卵黄	2個	〈準備〉卵黄は常温にしておく。
塩	適量	
酢（お好みのもの）	適量	
サラダ油	120 〜 150ml	

作り方

1．ボウルに卵黄と塩（小さじ1/4）を入れて泡立て器で混ぜる。
2．1にサラダ油を少しずつ加えて泡立て器でよく混ぜる。だんだん白くかたくなるがそのまま混ぜ続ける。
3．2に酢（小さじ2）を加えてトロリとするまでさらによく混ぜる。
4．塩、酢で味を調える。

★ポイント

★泡立て器でよく混ぜるのでガラスのボウルを使ってください。
★サラダ油を一度にたくさん入れると分離します。作り方2ではサラダ油をほんの少しずつ加えてよく混ぜるのがコツです。二人で作ると手を止めずに作れるのでおすすめです。
★かために仕上げるには油を、やわらかいのが好みの方は酢を増やしてください。
★いろいろな酢を使ったり、サラダ油をオリーブオイルに変えたり、マスタード、わさびなどを入れてアレンジすれば、オリジナルマヨネーズの完成です。

1章

常備するとこんなに使える！
作りおき酢

> 毎日の食事で使える
> 作りおき酢

酢レモン

酢たまねぎ

酢しょうが

酢にんじん

酢レモン

保存期間 **2週間**

◆ **材料**（作りやすい分量）

レモン ………… 2個
はちみつ ……… 大さじ3
りんご酢 ……… 2カップ

作り方

1. レモンはよく洗って水けをふき、皮ごと輪切りにして保存容器に入れる。
2. 1にはちみつ、りんご酢の順に入れる。
3. ふたをして冷蔵庫で保存する。1日おいてから使う。

＊レモンはなるべく防カビ剤などを使っていないものを使いましょう。手に入らない場合は塩でもみ、表面の汚れを水で洗い落とし、熱湯に2〜3分ほどつけてからもう一度水でよく洗って使いましょう。

酢たまねぎ

保存期間 **2週間**

◆ **材料**（作りやすい分量）

たまねぎ ……… 1個
塩 ……………… 小さじ1/2
はちみつ ……… 大さじ1
米酢 …………… 1カップ

作り方

1. たまねぎは縦に2等分して繊維に沿って薄切りにする。ボウルに入れて全体に塩をふり、15分ほどおいて保存容器に入れる。
2. 1にはちみつ、米酢の順に入れる。
3. ふたをして冷蔵庫で保存する。1日おいてから使う。

酢しょうが

保存期間
2週間

◆**材料**（作りやすい分量）

しょうが ……… 100g
塩 ………………… ひとつまみ
はちみつ ……… 大さじ1
米酢 …………… 3/4カップ

作り方

1. しょうがはよく洗って水けをふき皮ごと薄切りにして保存容器に入れる。
2. **1**に塩、はちみつ、米酢の順に入れる。
3. ふたをして冷蔵庫で保存する。1日おいてから使う。

酢にんじん

保存期間
2週間

◆**材料**（作りやすい分量）

にんじん ………… 1本
塩 ……………………… ふたつまみ
はちみつ ………… 大さじ1
りんご酢 ………… 1カップ

作り方

1. にんじんは皮をむき千切りにする。ボウルに入れて全体に塩をふり、15分ほどおいて保存容器に入れる。
2. **1**にはちみつ、りんご酢の順に入れる。
3. ふたをして冷蔵庫で保存する。1日おいてから使う。

酢にんにく  酢キャベツ

酢トマト

酢にんにく

保存期間 2週間

◆ 材料 (作りやすい分量)

にんにく ……… 2個
黒酢 …………… 3/4カップ

作り方

1. にんにくは1片ずつにして薄皮をむき縦半分に切って芯をとる。耐熱皿に並べてオーブントースターに入れ、3分ほど加熱する。粗熱がとれたら保存容器に入れる。
2. 1に黒酢を入れる。
3. ふたをして冷蔵庫で保存する。1日おいてから使う。

酢キャベツ

保存期間 2週間

◆ 材料 (作りやすい分量)

キャベツ ……… 1/4個(約300g)
塩 ……………… 小さじ1
米酢 …………… 1　1/4カップ

作り方

1. キャベツは芯をとりのぞき千切りにする。ボウルに入れて全体に塩をふり、15分ほどおいて保存容器に入れる。
2. 1に米酢を入れる。
3. ふたをして冷蔵庫で保存する。1日おいてから使う。

酢トマト

保存期間
2週間

◆**材料**（作りやすい分量）

トマト ………… 小2個
はちみつ ……… 大さじ2
りんご酢 ……… 1カップ

作り方

1. トマトはヘタをとって2cm角くらいの大きさに切り保存容器に入れる。
2. 1にはちみつ、りんご酢の順に入れる。
3. ふたをして冷蔵庫で保存する。2〜3時間おいてから使う。

簡単便利表

どの酢を合わせるか迷ったときの参考にしてください。

● **穀物酢**
さわやかに仕上げたい料理に向いています。ピクルス、和え物、ドレッシングなどさっぱり食べたいときに使ってください。

● **米酢**
和食全般、特にお米との相性がよいので、寿司飯にぴったりです。

● **黒酢**
中華料理や油っこい料理に使うとさっぱり仕上がります。独特の香りがあるのでスープや炒めものの仕上げに直接ふりかけても楽しめます。

● **りんご酢**
フルーティーな味わいが加熱しないドレッシングなどに向いています。デザートやドリンクにも合います。

● **赤・白ワインビネガー**
基本は肉や煮込み料理には赤、魚や野菜料理には白を合わせることが多いですが、どんな料理にも合わせやすい酢です。

● **バルサミコ酢**
煮詰めて使えば肉、魚の濃厚ソースになります。ほかの調味料とも合わせやすく、アイスクリームやデザートに使えば甘さが引き立ちます。

> 常備菜やアクセントに
> 使える作りおき酢

酢きのこ

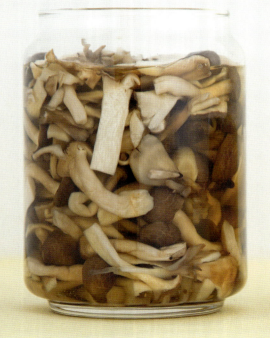

酢ねぎ

青じそ酢　　　　　赤唐辛子酢

酢きのこ

保存期間
2週間

◆ **材料** (作りやすい分量)

しめじ・エリンギ・まいたけなど	400g
穀物酢	1 1/4カップ
砂糖	小さじ2
塩	小さじ1

作り方

1. しめじは石づきを落として1本ずつにほぐす。エリンギは縦横半分に切り薄切りにする。まいたけは石づきがあれば切り落としてほぐす。
2. 耐熱ボウルに**1**を入れてふんわりとラップをかけ、電子レンジ（500W）で3分ほど加熱する。粗熱がとれるまでそのままおき、水けをきって保存容器に入れる。
3. **2**に穀物酢、砂糖、塩を混ぜ合わせて入れる。
4. ふたをして冷蔵庫で保存する。1日おいてから使う。

酢ねぎ

保存期間
2週間

◆ **材料** (作りやすい分量)

長ねぎ（白いところ）	1 1/2本（約140g）
塩	ふたつまみ
穀物酢	1カップ
砂糖	小さじ2

作り方

1. 長ねぎは斜め薄切りにする。ボウルに入れて全体に塩をふり、15分ほどおいて保存容器に入れる。
2. **1**に穀物酢と砂糖を混ぜ合わせて入れる。
3. ふたをして冷蔵庫で保存する。1日おいてから使う。

青じそ酢

保存期間
2週間

◆ **材料** (作りやすい分量)

青じそ ──── 20枚
塩 ──────── ひとつまみ
穀物酢 ──── 1カップ

作り方

1．青じそは粗みじん切りにして保存容器に入れる。
2．**1**に塩、穀物酢の順に入れる。
3．ふたをして冷蔵庫で保存する。1日おいてから使う。

赤唐辛子酢

保存期間
1ヶ月

◆ **材料** (作りやすい分量)

赤唐辛子 (乾燥) ────── 10本
穀物酢 ───────────── 1カップ

作り方

1．赤唐辛子は種をとり、小口切りにして保存容器に入れる。
2．**1**に穀物酢を入れる。
3．ふたをして冷蔵庫で保存する。1日おいてから使う。

酢パプリカ　　　　　酢ごぼう

酢大根

酢ナッツ

酢パプリカ

保存期間
2週間

◆**材料**（作りやすい分量）

赤パプリカ —————— 1個（約150g）
はちみつ —————— 大さじ1
赤ワインビネガー —— 1カップ

作り方

1. 赤パプリカは種とワタをとって横半分に切り、細切りにして保存容器に入れる。
2. 1にはちみつ、赤ワインビネガーの順に入れる。
3. ふたをして冷蔵庫で保存する。半日おいてから使う。

酢ごぼう

保存期間
2週間

◆**材料**（作りやすい分量）

ごぼう —————— 1本（約160g）
穀物酢 —————— 3/4カップ
砂糖 —————— 大さじ1　1/2

作り方

1. ごぼうは5cm長さの細切りにする。
2. 鍋に約5カップの湯を沸かし、穀物酢大さじ1/2（分量外）と1を入れる。再沸騰したらざるにあげ、粗熱がとれたら水けをきって保存容器に入れる。
3. 2に穀物酢と砂糖を混ぜ合わせて入れる。
4. ふたをして冷蔵庫で保存する。1日おいてから使う。

酢大根

保存期間
2週間

◆**材料**（作りやすい分量）

大根 ……………… 10cm（約300g）
塩 …………………… ふたつまみ
はちみつ ……… 大さじ2
米酢 ……………… 1カップ

作り方

1．大根は皮をむき5cm長さの拍子木切りにする。ボウルに入れて全体に塩をふり、15分ほどおいて水けをきって保存容器に入れる。
2．1にはちみつ、米酢の順に入れる。
3．ふたをして冷蔵庫で保存する。半日おいてから使う。

酢ナッツ

保存期間
2週間

◆**材料**（作りやすい分量）

ローストナッツ（無塩）
　（アーモンド・くるみなど）……… 100g
はちみつ ………………………………… 大さじ1
白ワインビネガー ……………………… 3/4カップ

作り方

1．ローストナッツを保存容器に入れる。
2．1にはちみつ、白ワインビネガーの順に入れる。
3．ふたをして冷蔵庫で保存する。1日おいてから使う。

| 乾物の作りおき酢 |

酢大豆・酢黒豆

酢かんぴょう　　　　　酢切干し大根

酢大豆・酢黒豆

保存期間
2週間

◆ **材料**（作りやすい分量）

大豆または黒豆（乾燥） ……… 100g
穀物酢 ……………………………… 1カップ

〈下ごしらえ〉
豆はたっぷりの水に一晩つけて戻し、水けをきる。

作り方

1. 鍋に豆とたっぷりの水を入れて熱し、沸騰したらアクをとり弱火で15〜20分ほどかためにゆでてざるにあげる。粗熱がとれたら水けをきって保存容器に入れる。
2. 1に穀物酢を入れる。
3. ふたをして冷蔵庫で保存する。2〜3日おいてから使う。

酢かんぴょう

保存期間
2週間

◆**材料**（作りやすい分量）

かんぴょう ……… 20g
塩 …………………… 小さじ1/2
米酢 ……………… 1　1/4カップ
砂糖 ………………… 大さじ1　1/2

作り方

1. かんぴょうはきれいに洗い、水につけて戻す。水けをきって塩をもみ込み、水でよく洗い流す。
2. 鍋に約5カップの湯を沸かし、**1**を入れる。歯ごたえが少し残るくらいにゆでてざるにあげる。粗熱がとれたら水分をしっかりと絞り、2cm長さに切って保存容器に入れる。
3. **2**に米酢と砂糖を混ぜ合わせて入れる。
4. ふたをして冷蔵庫で保存する。半日おいてから使う。

酢切干し大根

保存期間
2週間

◆**材料**（作りやすい分量）

切干し大根 ……… 30g
穀物酢 ……………… 1カップ
砂糖 ………………… 大さじ2

作り方

1. 切干し大根はきれいに洗う。
2. 鍋に約5カップの湯を沸かし、**1**を入れて火を止める。ひと混ぜしてすぐにざるにあげる。粗熱がとれたら水けをしっかりと絞り、ざく切りにして保存容器に入れる。
3. **2**に穀物酢と砂糖を混ぜ合わせて入れる。
4. ふたをして冷蔵庫で保存する。半日おいてから使う。

酢こんぶ

酢かつお節

酢煮干し

酢干ししいたけ

酢こんぶ

保存期間
2週間

◆ **材料** (作りやすい分量)

こんぶ ……… 20g (約10×45cm分)
米酢 ………… 1　3/4カップ

作り方

1．こんぶはかたく絞った濡れぶきんで汚れをふきとり、保存容器に入れる (大きいものは保存容器に合わせて切る)。
2．**1**に米酢を入れる。
3．ふたをして冷蔵庫で保存する。1日おいてから使う。

酢かつお節

保存期間
2週間

◆ **材料** (作りやすい分量)

削り節 ……… 5g
米酢 ………… 1カップ

作り方

1．削り節を保存容器に入れる。
2．**1**に米酢を入れる。
3．ふたをして冷蔵庫で保存する。半日おいてから使う。

酢煮干し

> 保存期間
> **2週間**

◆ **材料** (作りやすい分量)

煮干し ……… 100g
穀物酢 ……… 1カップ

作り方

1．煮干しは頭と内臓をとりのぞき、保存容器に入れる。
2．**1**に穀物酢を入れる。
3．ふたをして冷蔵庫で保存する。半日おいてから使う。

酢干ししいたけ

> 保存期間
> **2週間**

◆ **材料** (作りやすい分量)

干ししいたけ ……… 5枚 (約8g)
米酢 ……………………… 1カップ

作り方

1．干ししいたけは汚れを落として保存容器に入れる。
2．**1**に米酢を入れる。
3．ふたをして冷蔵庫で保存する。1日おいてから使う。

酢きくらげ

酢干しえび

酢ひじき

酢干しえび

保存期間
2週間

◆ **材料**（作りやすい分量）

干しえび ……… 20g
黒酢 ……………… 3/4カップ

作り方

1．干しえびは粗みじん切りにして保存容器に入れる。
2．**1**に黒酢を入れる。
3．ふたをして冷蔵庫で保存する。1日おいてから使う。

酢きくらげ

保存期間
2週間

◆ **材料**（作りやすい分量）

きくらげ（乾燥）……… 10g
黒酢 ……………………… 3/4カップ

作り方

1．きくらげは水につけて戻し、石づきのかたい部分は切り落とす。
2．鍋に約5カップの湯を沸かし、**1**を入れる。再沸騰したらざるにあげる。粗熱がとれたら水けをきって保存容器に入れる。
3．**2**に黒酢を入れる。
4．ふたをして冷蔵庫で保存する。半日おいてから使う。

酢ひじき

保存期間
2週間

◆材料（作りやすい分量）

ひじき（乾燥）……… 10g
米酢 ……………………… 3/4カップ
砂糖 ……………………… 大さじ1

作り方

1. ひじきはたっぷりの水につけて戻し、ざるにあげて水けをきる。
2. 鍋に5カップの湯を沸かし、**1**を入れて火を止める。ひと混ぜしてすぐにざるにあげる。粗熱がとれたら水分をしっかりと絞り、保存容器に入れる。
3. **2**に米酢と砂糖を混ぜ合わせて入れる。
4. ふたをして冷蔵庫で保存する。半日おいてから使う。

手作りハーブビネガー

使い切れなかったフレッシュハーブをお酢に漬けてハーブビネガーはいかがですか？

しおれやすいフレッシュハーブもお酢に漬けることで保存がきき、ハーブの香りと栄養分もプラスされます。本書のレシピでも使ったローズマリー、パセリ、チャービル、ミントなど好みのもの1種類だけでも、数種類組み合わせても作れます。

作り方はとても簡単！　保存容器に好みのフレッシュハーブを入れてハーブが完全に浸かるくらいにお酢を注ぐだけです。2週間ほどしてハーブの香りがお酢になじんだらハーブをとりだします。

オイルを混ぜて塩、こしょうで味を調えるだけでオリジナルドレッシングの完成です。

もちろんドライハーブでも作れます。好みのお酢1カップにドライハーブ10～15gが目安です。

フルーツの作りおき酢

酢いちご

酢バナナ

酢グレープフルーツ　　　　　酢ブルーベリー

酢いちご

保存期間
2週間

◆ **材料**（作りやすい分量）

いちご ………… 5個（約130g）
はちみつ ……… 大さじ1
りんご酢 ……… 3/4カップ

作り方

1． いちごは洗って水けをふき、ヘタを切り落として保存容器に入れる。
2． **1**にはちみつ、りんご酢の順に入れる。
3． ふたをして冷蔵庫で保存する。1日おいてから使う。

酢バナナ

保存期間
2週間

◆ **材料**（作りやすい分量）

バナナ ………… 1本（正味約80g）
はちみつ ……… 大さじ1
りんご酢 ……… 3/4カップ

作り方

1． バナナは皮をむき、3cm長さに切って保存容器に入れる。
2． **1**にはちみつ、りんご酢の順に入れる。
3． ふたをして冷蔵庫で保存する。1日おいてから使う。

酢グレープフルーツ

保存期間
2週間

◆**材料**（作りやすい分量）

グレープフルーツ ……… 1個（正味約200g）
はちみつ ……………… 大さじ1 1/2
白ワインビネガー ……… 1/2カップ

作り方

1. グレープフルーツは実を房から出し保存容器に入れる。
2. 1にはちみつ、白ワインビネガーの順に入れる。
3. ふたをして冷蔵庫で保存する。1日おいてから使う。

酢ブルーベリー

保存期間
2週間

◆**材料**（作りやすい分量）

ブルーベリー ……… 200g
はちみつ …………… 大さじ1
黒酢 ………………… 3/4カップ

作り方

1. ブルーベリーは洗って水けをふき保存容器入れる。
2. 1にはちみつ、黒酢の順に入れる。
3. ふたをして冷蔵庫で保存する。1日おいてから使う。

酢キウイ　　　　　　酢りんご

酢干しぶどう

酢ゆず

酢キウイ

保存期間 2週間

◆ **材料**（作りやすい分量）
キウイ ………… 2個（約180g）
はちみつ ……… 大さじ1
りんご酢 ……… 1/2カップ

作り方
1. キウイは皮をむき、一口大に切って保存容器に入れる。
2. 1にはちみつ、りんご酢の順に入れる。
3. ふたをして冷蔵庫で保存する。1日おいてから使う。

酢りんご

保存期間 2週間

◆ **材料**（作りやすい分量）
りんご ………… 1個（約280g）
はちみつ ……… 大さじ1
米酢 …………… 1カップ

作り方
1. りんごはよく洗って水けをふき、皮ごと8等分のくし形切りにして芯をとる。横に4等分にして保存容器に入れる。
2. 1にはちみつ、米酢の順に入れる。
3. ふたをして冷蔵庫で保存する。1日おいてから使う。

酢干しぶどう

保存期間
2週間

◆**材料**（作りやすい分量）

干しぶどう …………………… 120g
赤ワインビネガー ……… 1カップ

作り方

1. 干しぶどうを保存容器に入れる。
2. 1に赤ワインビネガーを入れる。
3. ふたをして冷蔵庫で保存する。1日おいてから使う。

酢ゆず

保存期間
2週間

◆**材料**（作りやすい分量）

ゆず …………… 2個（約180g）
はちみつ ……… 大さじ1
穀物酢 ………… 1カップ

作り方

1. ゆずはよく洗って水けをふき、皮ごと輪切りにして保存容器に入れる。
2. 1にはちみつ、穀物酢の順に入れる。
3. ふたをして冷蔵庫で保存する。2〜3日おいてから使う。

＊ゆずはなるべく防カビ剤などを使っていないものを使いましょう。手に入らない場合は塩でもみ、表面の汚れを水で洗い落とし、熱湯に2〜3分ほどつけてからもう一度水でよく洗って使いましょう。

酢パイナップル

酢オレンジ

酢パイナップル

保存期間
2週間

◆**材料**（作りやすい分量）

パイナップル ……… 1/4個（正味約200g）
はちみつ …………… 大さじ1　1/2
りんご酢 …………… 1カップ

作り方

1．パイナップルは皮をむき芯をとり、一口大に切って保存容器に入れる。
2．**1**にはちみつ、りんご酢の順に入れる。
3．ふたをして冷蔵庫で保存する。1日おいてから使う。

＊缶詰などシロップに漬かったものではなく、カットパインなどを使用してください。

酢オレンジ

保存期間
2週間

◆**材料**（作りやすい分量）

オレンジ ……… 2個（正味約160g）

はちみつ ……… 大さじ1

りんご酢 ……… 3/4カップ

作り方

1. オレンジは実を房から出し保存容器に入れる。
2. **1**にはちみつ、りんご酢の順に入れる。
3. ふたをして冷蔵庫で保存する。1日おいてから使う。

作ってすぐ飲める お酢ドリンク

　一番簡単にお酢をとる方法が、希釈してドリンクにすることです。作ってすぐに飲めるお酢のドリンクなら誰でも簡単に作れます。

　暑い夏は冷たく冷やした炭酸水で割って、寒い冬はお湯で割ってホットでいただきます。そのほかにも牛乳、豆乳、ジュース、紅茶などと一緒にいろいろなお酢ドリンクを季節や体調に合わせて試してください。

　お好みのお酢にお好みのフルーツを漬ければ、簡単にオリジナルビネガーの完成です。旬のフルーツを漬けて一年中継続的に続けましょう。お好みではちみつやお砂糖を入れて甘さを調節してください。

　希釈の割合はフルーツ酢大さじ1：水など1カップを目安にしてください。

| 隠し味に使える
作りおき酢 |

塩麹酢

酢梅干し

黒すりごま酢

塩麹酢

保存期間
1ヶ月

◆ **材料**（作りやすい分量）

塩麹 ……… 100g
米酢 ……… 1/2カップ

作り方

1．塩麹を保存容器に入れる。
2．**1**に米酢を入れる。
3．ふたをして冷蔵庫で保存する。すぐに調味料として使える。

酢梅干し

保存期間
1ヶ月

◆ **材料**（作りやすい分量）

梅干し ………… 5個（約120g）
はちみつ ……… 大さじ1
米酢 …………… 1/2カップ

作り方

1．梅干しを保存容器に入れる。
2．**1**にはちみつ、米酢の順に入れる。
3．ふたをして冷蔵庫で保存する。1日おいてから使う。

黒すりごま酢

保存期間
2週間

◆**材料**（作りやすい分量）

黒すりごま ……… 50g

黒酢 ………………… 120ml

作り方

1. 黒すりごまを保存容器に入れる。
2. **1**に黒酢を入れる。
3. ふたをして冷蔵庫で保存する。すぐに調味料として使える。

漬けるだけで簡単、常備しておきたいピクルス

余った野菜や食べきれそうにない野菜はサッとゆでてピクルスにすれば、何か一品足りないときや箸休めに使えるのでとても便利です。

◆**材料**（作りやすい分量）

〈ピクルス液〉

　酢（お好みのもの）…………………………… 1カップ

　水 ………………………………………………… 1カップ

　砂糖 ……………………………………… 60 〜 70g

　塩 …………………………………………… 小さじ1

　黒粒こしょう・ローリエ・クローブなど

　　（お好みのもの）……………………………… 適量

　赤唐辛子（乾燥）………………………………… 1本

お好みの野菜 ………………………………… 600 〜 700g

作り方

1. 鍋にピクルス液の材料を入れて熱し、混ぜながら砂糖を溶かす。沸騰直前で火を止めてそのまま冷ます。
2. 野菜は食べやすい大きさに切り、サッとゆでて水けをきる。
3. 保存容器に**2**を入れ、**1**を注ぐ。
4. ふたをして冷蔵庫で保存する（1週間を目安に）。1日おいてから食べられる。

＊砂糖の量は好みの甘さに調節してください。

作りおき酢を使った アレンジ

酢かつお節の土佐酢

酢こんぶの三杯酢　　　　　酢煮干しの二杯酢

酢かつお節の土佐酢

保存期間 **5日**

◆**材料**（作りやすい分量）

酢かつお節（P40）	90ml
砂糖	大さじ2
しょうゆ	大さじ1　1/2
みりん	大さじ1

作り方

1. 鍋にすべての材料を入れて熱し、混ぜながら砂糖を溶かし、ひと煮立ちさせる。火を止め、しばらくおいてからこす。

酢こんぶの三杯酢

保存期間 **5日**

◆**材料**（作りやすい分量）

酢こんぶ（P40）	20g
こんぶの漬け汁	90ml
しょうゆ	大さじ2
みりん	大さじ2

作り方

1. 鍋にすべての材料を入れて熱し、沸騰直前にこんぶをとりだして、ひと煮立ちさせる。火を止め、しばらくおく。

酢煮干しの二杯酢

保存期間 **5日**

◆**材料**（作りやすい分量）

酢煮干し（P41）	20g
煮干しの漬け汁	90ml
しょうゆ	大さじ1　1/2
塩	ひとつまみ

作り方

1. 鍋にすべての材料を入れて熱し、ひと煮立ちさせる。火を止め、しばらくおいてからこす。

2章

作りおき酢を使った
かんたんレシピ

酢レモン

フルーツ
レモンスカッシュ

レモンピラフ

酢たまねぎ

アボカドタルティーヌ

酢レモン

フルーツレモンスカッシュ
黄桃ごろごろ、ちょっと贅沢な飲み物。

◆ **材料**（1人分）

黄桃（缶詰）	40g
氷	適量
A ┌ レモンの漬け汁	大さじ1
└ シロップ（缶詰）	大さじ1
炭酸水	1カップ
酢レモン	1切れ

作り方

1. 黄桃は小さめの一口大に切る。
2. グラスに氷、**A**、**1**を入れる。
3. 炭酸水を注ぎ、酢レモンを添える。

酢レモン

レモンピラフ
鯛のうま味とレモンのさわやかな酸味がギュッとつまったピラフです。

◆ **材料**（作りやすい分量）

酢レモン	3切れ		レモンの漬け汁	大さじ2
鯛	2切れ（約160g）		水	2カップ
塩	少々	A	白ワイン	大さじ1
米	2合		塩	小さじ1
たまねぎ	1/4個		ローリエ	1枚
にんにく	1/4片	イタリアンパセリ		適量
オリーブオイル	大さじ1 1/2	粗びき黒こしょう（お好みで）		適量

作り方

1. 酢レモンは半分に切る。鯛は塩をふり、出てきた水分をしっかりとふきとる。米は洗ってざるにあげる。たまねぎ、にんにくはみじん切りにする。イタリアンパセリは粗みじん切りにする。
2. ふたのできる厚手の鍋にオリーブオイルと**1**のにんにくを入れて熱し、香りが立ったら**1**のたまねぎを入れて弱火で透き通るまで炒める。
3. **2**に**1**の米を加えてサッと炒め、合わせた**A**、**1**の鯛、鯛の上に**1**の酢レモンをのせてふたをする。中火にして煮立ったら弱火で13～15分炊く。火を止めてそのまま10分蒸らす。
4. **3**の鯛、酢レモン、ローリエをとりだし、鯛は骨をとって身をほぐして**3**に戻し、全体をさっくりと混ぜる。
5. 器に盛り、**1**のイタリアンパセリを散らし、**4**の酢レモンを添える。お好みで黒こしょうをふっていただく。

酢たまねぎ

アボカドタルティーヌ

クリーミーなアボカドとミニトマトの甘みがおいしく、お酒のおつまみにもぴったり。

◆**材料**（2人分）

酢たまねぎ	20g
アボカド	1個
たまねぎの漬け汁	小さじ1
ミニトマト	3個
ピザ用チーズ	40g
バゲット	4切れ
マヨネーズ	適量

作り方

1．酢たまねぎはざく切りにする。アボカドは半分に切り目を入れてふたつに割り種をとる。皮をむき2cm角に切って
　たまねぎの漬け汁をからめる。ミニトマトは4等分にする。

2．ボウルに**1**、ピザ用チーズを入れてよく混ぜる。

3．バゲットにマヨネーズをぬり、耐熱皿にのせる。**2**を1/4量ずつのせ、温めたオーブントースターで全体に焼き色が
　つくまで焼く。

酢しょうが

オレンジ
ジンジャーエール

あさりの酒蒸し

酢しょうが ----------

オレンジジンジャーエール

すっきりさわやかな大人の味。

◆材料（1人分）

A ┌ しょうがの漬け汁 ------ 大さじ1
　└ オレンジジュース ------ 1/4カップ
氷 ------------------------ 適量
炭酸水 -------------------- 1/2カップ

作り方

1. グラスに**A**、氷を入れる。
2. **1**に炭酸水を注ぐ。

酢しょうが ----------

あさりの酒蒸し

あさりのだしが染み込んだもやしのおいしさをぜひ味わってください。

◆材料（2人分）

酢しょうが ---------------- 10g
もやし -------------------- 100g
サラダ油 ------------------ 大さじ1
あさり（砂だししたもの）------ 約300g
A ┌ しょうがの漬け汁 ------ 大さじ2
　├ 酒 -------------------- 大さじ2
　└ 塩 -------------------- 小さじ1/4
青ねぎ -------------------- 適量

作り方

1. 酢しょうがはみじん切り、もやしはひげ根をとる。青ねぎは小口切りにする。
2. ふたのできるフライパンにサラダ油と**1**の酢しょうがを入れて熱し、香りが立ったらあさりを入れて炒める。
3. **2**に**A**、**1**のもやしを入れてサッと混ぜ、ふたをしてあさりの口が開くまで加熱する。
4. 器に盛り、**1**の青ねぎを散らす。

酢にんじん

にんじんラペサンド

干しぶどうの甘みとアーモンドの食感がバランスのとれたサンドイッチに仕上げてくれます。

◆**材料**（2人分）

干しぶどう	20g
アーモンド	10粒
酢にんじん	60g
A ┌ オリーブオイル	小さじ1
└ 塩	ふたつまみ
食パン（6枚切り）	4枚
バター（室温に戻したもの）	適量
レタス	適量
ハム	2枚
ミニトマト	適量
紫たまねぎ	適量

作り方

1. 干しぶどう、アーモンドは粗みじん切りにする。ミニトマトは2等分、紫たまねぎは薄切りにする。
2. ボウルに酢にんじん、**1**の干しぶどう、アーモンド、**A**を入れてよく混ぜる。
3. 食パンにバターをぬって、レタス（1枚）、半量の**2**、ハム（1枚）を挟みもう1枚のパンをかぶせてから2等分する。同じようにもうひとつ作る。
4. 小鉢にレタス、**1**のミニトマト、紫たまねぎを入れて添える。

酢にんにく

バーニャカウダ

酢にんにく

豆乳クリームパスタ

酢にんにく

バーニャカウダ　　野菜はもちろん、パンをつけてもおいしい、後を引くおいしさです。

◆**材料**（2人分）

酢にんにく ——————————————— 30g
アンチョビ（フィレ）——————————— 7〜8枚（30g）
　　┌ にんにくの漬け汁 ————————— 大さじ1
A　│ オリーブオイル ————————————— 大さじ2
　　└ 粗びき黒こしょう ————————————— 少々
かぶ・チコリ・赤パプリカ・マッシュルームなど
（お好みのもの）————————————————— 各適量

作り方

1. 酢にんにくはみじん切りにする。アンチョビは細かくたたく。野菜は食べやすい大きさに切って器に盛る。
2. 小鍋に**1**の酢にんにく、アンチョビ、**A**を入れて弱火で熱し、全体がなじむように混ぜながら温めて器に盛る。
3. **1**の野菜を**2**につけていただく。

酢にんにく

豆乳クリームパスタ

豆乳なのに濃厚でクリーミーな仕上がり、パスタソースの定番になるはず。

◆材料（2人分）

酢にんにく	15g	豆乳（成分無調整）	3カップ
ベーコン（塊）	80g	塩・こしょう	各適量
えのき	100g	スパゲッティ	180g
サラダ油	小さじ1	粉チーズ（お好みで）	適量
A ┌ にんにくの漬け汁	大さじ2	粗びき黒こしょう（お好みで）	適量
└ しょうゆ	大さじ1 1/2		

作り方

1. 酢にんにくはみじん切り、ベーコンは5mm幅の拍子木切り、えのきは石づきを落として横に2等分にする。
2. フライパンにサラダ油を弱火で熱し、**1**のベーコンを入れてカリカリになるまで炒める。
3. スパゲッティは袋の表示時間より少し短めにゆで、ざるにあげてしっかりと水けをきる。
4. **2**に**1**の酢にんにく、えのきを入れてしんなりするまで炒め、**A**を入れて中火で煮立てる。豆乳を入れてとろみがつくように混ぜながら煮詰める。塩、こしょうで味を調え火を止める。
5. **3**を**4**に入れて熱し、味をからめるように炒める。
6. お好みで粉チーズ、黒こしょうをふっていただく。

酢キャベツ

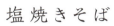
塩焼きそば

酢トマト

ミネストローネ

酢キャベツ

塩焼きそば

さっぱり塩味なのでいくらでも食べられるおいしさ。削り節たっぷりがおすすめです。

◆**材料**（2人分）

中華蒸し麺（焼きそば用）	2玉
豚バラ肉（薄切り）	100g
ごま油	大さじ1
酢キャベツ	100g
A〔酒	大さじ1
こんぶ茶	大さじ1/2
削り節	適量

作り方

1. 中華麺はほぐしておく。豚肉は2cm幅に切る。
2. フライパンを熱し、**1**の豚肉を入れてカリカリになるまで炒めてとりだす。
3. 同じフライパンにごま油を入れて熱し、酢キャベツを入れてよく炒める。**1**の中華麺、**2**を加えてさらに炒める。全体に油が回ったら**A**を入れて炒める。
4. 削り節をかけていただく。

酢トマト

ミネストローネ

トマトの酸味の中にかぼちゃのやさしい甘みが際立った野菜たっぷりの具沢山スープです。

◆材料（2人分）

ベーコン	2枚
たまねぎ	1/4個
にんじん	1/4本
かぼちゃ	1/12個（正味約80g）
セロリ	1/2本
にんにく	1/2片
オリーブオイル	大さじ1

A	酢トマト	50g
	トマトの漬け汁	大さじ2
	洋風スープ	1カップ
	砂糖	小さじ1/2
	塩	適量
	粉チーズ（お好みで）	適量

作り方

1. ベーコンは1cm幅、たまねぎ、にんじん、かぼちゃは1cm角、セロリは筋をとって1cm角に切る。にんにくはみじん切りにする。
2. ふたのできる鍋にオリーブオイルと1のにんにくを入れて熱し、香りが立ったら1のベーコン、たまねぎを入れて炒める。たまねぎが透き通ってきたら1の残りの野菜、塩（ひとつまみ）を入れて炒め、ふたをして弱火で5分ほど蒸す。途中こげそうなら水少々（分量外）を入れる。
3. 2にAを入れて強火にする。煮立ったらふたをして弱火で野菜がやわらかくなるまで10分ほど煮て、塩で味を調える。
4. お好みで粉チーズをふっていただく。

酢トマト

さっぱりナポリタン

酢きのこ

きのこのあんかけ
豆腐ステーキ

酢トマト

さっぱりナポリタン

さっぱり大人味のナポリタンには仕上げのバターでコクをプラス。

◆**材料**（2人分）

たまねぎ	1/2個
マッシュルーム	3個
ウインナー	4本
にんにく	1片
スパゲッティ	180g
サラダ油	大さじ1　1/2
酢トマト	80g

A	水	1/2カップ
	トマトケチャップ	大さじ1
	砂糖	大さじ1/2
	塩・こしょう	各適量
	バター	10g

作り方

1. たまねぎ、マッシュルームは縦に薄切り、ウインナーは斜め1cm幅、にんにくはみじん切りにする。
2. スパゲッティは袋の表示通りゆで、ざるにあげてサラダ油（大さじ1/2）をからめる。
3. フライパンに残りのサラダ油と**1**のにんにくを入れて弱火で熱し、香りが立ったら**1**のたまねぎを入れて透き通るまで炒める。酢トマト、**1**のマッシュルーム、ウインナーを加えて中火でさらに炒める。
4. **3**に合わせた**A**を入れて炒め、**2**を入れて味をからめるように炒める。塩、こしょうで味を調え、バターを入れて全体に味をなじませる。

酢きのこ

きのこのあんかけ豆腐ステーキ

カリッと焼いた豆腐に柚子こしょうのきいたとろ〜りきのこ
あんをたっぷりかけて。

◆**材料**（2人分）

長ねぎ	1/2本（約70g）		酒	大さじ2
木綿豆腐	1丁（300g）		しょうゆ	大さじ1
塩	適量	**A**	みりん	大さじ1
片栗粉	適量		柚子こしょう	小さじ1/2
サラダ油	大さじ1		片栗粉	小さじ1/2
酢きのこ	60g			
水	1/4カップ			

作り方

1. 長ねぎは斜め薄切りにする。豆腐はしっかりと水きりして8等分する。
2. **1**の豆腐に塩（少々）をふり、片栗粉を全体にまぶす。
3. フライパンにサラダ油（小さじ2）を熱し、**2**の豆腐を入れて両面をこんがりと焼いて器に盛る。
4. 同じフライパンに残りのサラダ油を入れて熱し、酢きのこを入れてよく炒める。全体に油が回ったら、水、**1**の長ねぎを加えて炒める。ねぎが透き通ったら、**A**を加えてとろみがつくまで炒める。塩で味を調え、**3**にかける。

酢きのこ

サンラータン

酢ねぎ

まぐろとトマトの
酢ねぎ和え

酢きのこ

サンラータン

酸味と辛味のバランス、たけのこのシャキシャキ食感と卵のふわとろが絶妙です。

◆**材料**（2人分）

ハム	2枚		酢きのこ	50g
たけのこ（水煮）	30g		きのこの漬け汁	大さじ1
絹ごし豆腐	1/2丁（150g）	B	しょうゆ	小さじ1
卵	1個		こしょう	小さじ1/2
片栗粉	大さじ1/2		塩	適量
	水	2カップ	ラー油（お好みで）	適量
A	紹興酒または酒	大さじ1/2		
	鶏ガラスープ（顆粒）	小さじ1		

作り方

1. ハム、たけのこは細切りにする。豆腐は2cm角に切る。卵は溶きほぐす。片栗粉は倍量の水（分量外）で溶いておく。
2. 鍋に**A**を入れて熱し、煮立ったら酢きのこ、**1**のハム、たけのこを入れて2分ほど煮る。**1**の豆腐、**B**を加えて、さらに弱火で2分ほど煮て、塩で味を調える。
3. **2**に**1**の水溶き片栗粉を中火で少しずつ入れてとろみをつける。煮立ったら、**1**の溶き卵を少しずつ回し入れる。
4. お好みでラー油をかけていただく。

酢ねぎ

まぐろとトマトの酢ねぎ和え

ごま油の香ばしい香りと味にねぎとみょうがの薬味がぴったり。

◆**材料**（2人分）

酢ねぎ ……… 50g	松の実 ……… 大さじ2
まぐろ（刺身用）……… 100g	青じそ ……… 適量
トマト ……… 小1個	
みょうが ……… 1個	

A
- 酢ねぎの漬け汁 ……… 小さじ2
- ごま油 ……… 大さじ1
- しょうゆ ……… 小さじ2
- 塩 ……… ふたつまみ

作り方

1. 酢ねぎはざく切りにする。まぐろは2cm角に切る。トマトは湯むきして種をとり、まぐろと同じ大きさに切る。みょうがは薄い輪切りにして水にさらし、しっかりと水けをきる。
2. ボウルに**A**を入れて混ぜ、**1**の酢ねぎ、トマトを加えて5分ほどおいて味をなじませる。
3. **2**に**1**のまぐろ、みょうがと松の実を加えて和える。
4. 器に青じそを敷いて**3**を盛る。

酢ねぎ

酢ねぎと根菜汁

青じそ酢

鮭と青じそ混ぜ寿司

酢ねぎ

酢ねぎと根菜汁

酢ねぎ入りで根菜たっぷり。寒い季節に食べたい、からだが温まるお椀です。

◆ **材料**（2人分）

大根	5cm（約150g）
にんじん	1/4本
ごぼう	1/4本（約40g）
厚揚げ	1枚（100g）
A ┌ サラダ油	大さじ1/2
└ ごま油	大さじ1/2
塩	ひとつまみ

B ┌ 酢ねぎ	30g
│ だし汁	2カップ
└ みりん	大さじ2
薄口しょうゆ	適量
一味唐辛子（お好みで）	適量

作り方

1. 大根、にんじんは5mm幅のいちょう切り、ごぼうはよく洗って汚れを落とし斜め薄切りにする。厚揚げは油抜きをして小さめの一口大に手でちぎる。
2. 鍋に**A**を入れて熱し、**1**の大根、にんじん、ごぼう、塩を入れてじっくり炒める。大根が透き通ってきたら**B**を加える。煮立ったら、**1**の厚揚げを入れて弱火で10分ほど煮て、薄口しょうゆで味を調える。
3. お好みで一味唐辛子をふっていただく。

青じそ酢

鮭と青じそ混ぜ寿司

香ばしく焼いた塩鮭にきゅうりのさっぱりした味と食感の簡単混ぜ寿司。

◆**材料**（2人分）

塩鮭	1切れ（約100g）	
きゅうり	1本	
塩	少々	
ごはん（温かいもの）	400g	

A
青じそ酢	大さじ3	
砂糖	小さじ2	
塩	ひとつまみ	

白ごま ……… 大さじ1
ブロッコリースプラウト ……… 適量

作り方

1. 塩鮭は焼いて皮と骨をとりのぞきほぐす。きゅうりは薄い輪切りにする。ブロッコリースプラウトは食べやすい大きさに切る。
2. ボウルに**1**のきゅうりを入れて塩をふり、5分ほどおいてからもんでしっかりと水分を絞る。
3. 飯切（またはボウル）にごはんを入れ、合わせた**A**を回し入れて切るようにさっくりと混ぜる。粗熱がとれたら**1**の塩鮭、**2**、白ごまを加えて混ぜる。
4. 器に盛って、**1**のブロッコリースプラウトを飾る。

赤唐辛子酢

冷やし担々麺

酢パプリカ

酢パプリカマリネの冷製パスタ

赤唐辛子酢

冷やし担々麺

よく混ぜて食べるのがおすすめ。肉みそはそのままご飯にのせたり、野菜で巻いていただくのも◎。

◆**材料**（2人分）

しょうが	1片
長ねぎ	1/4本（約40g）
ごま油	大さじ1
豚ひき肉	100g

A
赤唐辛子酢	小さじ2
酒	大さじ2
しょうゆ	大さじ1
砂糖	小さじ2
みそ	小さじ1　1/2
片栗粉	小さじ1

B
水	大さじ1　1/2
白すりごま	大さじ1
赤唐辛子酢	大さじ1
しょうゆ	大さじ1
砂糖	大さじ1/2
ごま油	小さじ1/4

中華麺（お好みのもの）	2玉
青梗菜	適量
白髪ねぎ	適量

作り方

1. しょうが、長ねぎはみじん切りにする。青梗菜は塩ゆで（分量外）して水けをしっかりときる。
2. 鍋にごま油を熱し、1のしょうが、長ねぎ、豚ひき肉を入れてほぐしながら炒める。豚ひき肉の色が変わったら合わせたAを加えて、さらに2～3分炒める。
3. 小鍋にBの材料を入れて熱し、煮立ったら火を止めて冷ます。
4. 中華麺は袋の表示通りゆで、ざるにあげて流水で洗う。冷水にとって冷やし、しっかりと水けをきる。
5. 器に4を盛り、2、1の青梗菜、白髪ねぎをのせ、3をかけていただく。

酢パプリカ

酢パプリカマリネの冷製パスタ

ミニトマトの甘みと生ハムの塩味が暑い夏にぴったりの冷製パスタ。よ〜く冷やすことがポイント。

◆**材料**（2人分）

酢パプリカ ……… 60g
ミニトマト ……… 4個
生ハム ……………… 80g

A ┌ オリーブオイル ……… 大さじ3
  │ はちみつ ……………… 大さじ1/2
  │ 塩 …………………… 小さじ1/2
  └ こしょう …………… 少々
カッペリーニ ………………… 120g
チャービル …………………… 適量

作り方

1. 酢パプリカは小口切りにする。ミニトマトは4等分にする。生ハムは食べやすい大きさに切る。
2. ボウルに**1**の酢パプリカ、ミニトマト、**A**を入れてよく混ぜ、味がなじむまで冷蔵庫で冷やす。
3. カッペリーニは袋の表示通りゆで、ざるにあげて氷水にさらして冷やし、しっかりと水けをきる。
4. **3**を**2**に加えて混ぜ、**1**の生ハムを入れて和える。
5. 器に盛り、チャービルを飾る。

酢ナッツ

お刺身サラダ

酢大豆

大豆とれんこんの
白和え

酢ナッツ

お刺身サラダ

野菜は冷やしてシャキッとさせて、たっぷり入ったお刺身がぜいたくなサラダです。

◆**材料**（2人分）

刺身（サーモン・ほたて貝柱などお好みのもの）
.... 100g
水菜 50g
きゅうり 1/2本
青じそ 3枚

A
┌ 酢ナッツ 20g
│ ナッツの漬け汁 大さじ1
│ サラダ油 大さじ2
│ しょうゆ 大さじ1/2
│ 塩 .... 少々
└ わさび（お好みで）....... 適量

作り方

1. 刺身は食べやすい大きさに切る。水菜は5cm長さのざく切り、きゅうりは縦半分に切って斜め薄切り、青じそは細切り、**A**の酢ナッツは粗みじん切りにする。
2. **1**の水菜、きゅうり、青じそは氷水にさらして10分ほどおき、ざるにあげてしっかりと水けをきる。
3. ボウルに**A**を入れてよく混ぜ合わせる。
4. 別のボウルに**1**の刺身、**2**を入れてさっくりと混ぜて器に盛る。食べる直前に**3**をかけていただく。

酢大豆

大豆とれんこんの白和え

大豆の味がしっかり残った白和え衣。れんこん以外の野菜にも合います。

◆材料（2人分）

絹ごし豆腐 ………… 1/2丁（150g）
れんこん ……………… 150g
大豆の漬け汁 …… 大さじ1/2
塩 ………………… 少々
酢大豆 ……………… 50g

A ┌ 白すりごま ……… 大さじ1
　├ 砂糖 ………………… 小さじ2
　└ 塩 ………………… 小さじ1/2

作り方

1. 豆腐はしっかりと水きりする。れんこんは5mm幅の半月切りにする。
2. 鍋に約5カップの湯を沸かし、大豆の漬け汁と**1**のれんこんを入れてゆでる。れんこんが透き通ってきたらざるにあげて熱いうちに塩をふる。
3. 酢大豆は半量をフードプロセッサーに入れて撹拌する。**1**の豆腐を加えてさらに撹拌する。
4. ボウルに**3**、**A**を入れて混ぜ、**2**、残りの酢大豆加えて和える。

酢かんぴょう

かんぴょう混ぜ寿司

酢切干し大根

切干し大根チャーハン

酢かんぴょう

かんぴょう混ぜ寿司

甘辛煮だけではない、かんぴょうを使ったお寿司は行楽のお弁当にもぴったり。

◆**材料**（2人分）

干ししいたけ	2枚	
A ┌ みりん	大さじ1　1/2	
└ しょうゆ	大さじ1　1/2	
塩	少々	
絹さや	5枚	
ごはん（温かいもの）	400g	

B ┌ かんぴょうの漬け汁 …… 大さじ2
　　├ 砂糖 …………………… 小さじ2
　　└ 塩 …………………… ひとつまみ

酢かんぴょう …………… 60g
錦糸卵 …………………… 適量

〈下ごしらえ〉
干ししいたけは水1カップ（分量外）の水で戻す。小鍋に干ししいたけ、戻し汁、**A**を入れて熱し、煮立ったら落としぶたをして弱火で煮汁が半量くらいになるまで20分ほど煮る。

作り方

1．下ごしらえした干ししいたけは粗みじん切りにする。
2．鍋に約3カップの湯を沸かし、塩と絹さやを入れて1〜2分ゆでる。冷水にとって色止めし斜め薄切りにする。
3．飯切（またはボウル）にごはんを入れ、合わせた**B**を回し入れて切るようにさっくりと混ぜる。粗熱がとれたら酢かんぴょう、**1**、**2**を入れて混ぜる。
4　器に盛って、錦糸卵を飾る。

酢切干し大根

切干し大根チャーハン

切り干し大根の食感、さつまいもの甘味、ごまの香ばしさ、3つ一緒がおいしさの秘密です。

◆**材料**（2人分）

酢切干し大根	60g	塩	小さじ1/2
豚バラ肉（薄切り）	100g	ごはん（温かいもの）	400g
さつまいも	100g	薄口しょうゆ	大さじ1
サラダ油	大さじ2	黒いりごま	大さじ2

作り方

1. 酢切干し大根は絞って粗みじん切りにする（絞り汁はとっておく）。豚肉は1cm幅に切り、さつまいもはよく洗って、皮付きのまま1cm角に切る。

2. フライパンに半量のサラダ油を入れて熱し、**1**の豚肉を入れて炒める。白っぽく色が変わってきたら**1**の酢切干し大根、さつまいもを加えて炒める。さつまいもが透き通ってきたら**1**の絞り汁と塩を入れてさらに炒め、全体に油が回ったらとりだす。

3. 同じフライパンに残りのサラダ油を入れ、ごはんを入れてほぐしながら炒める。**2**を入れてさらに炒め、鍋肌に薄口しょうゆを入れて炒める。黒いりごまを入れて全体を炒め合わせる。

酢干ししいたけ

豚肉と干ししいたけの
おこわ

酢ひじき

酢ひじきのり巻き

酢干ししいたけ ------------------------------

豚肉と干ししいたけのおこわ

酢干ししいたけの酸味がアクセントになったモチモチおこわ、いくらでも食べられます。

◆ **材料** (作りやすい分量)

酢干ししいたけ	2枚		水	360ml
米	1合		オイスターソース	大さじ2
もち米	1合	A	しょうゆ	大さじ1
焼き豚	150g		砂糖	小さじ1
長ねぎ	1/4本 (約40g)		ぎんなん (水煮)	30g
ごま油	大さじ1		白髪ねぎ	適量
紹興酒または酒	大さじ1			

作り方

1. 酢干ししいたけは絞って軸をとり、7～8mm角に切る (絞り汁はとっておく)。米ともち米は合わせて洗い、たっぷりの水に30分ほどつけてざるにあげる。焼き豚は1cm角、長ねぎはみじん切りにする。
2. フライパンにごま油を入れて熱し、**1**の酢干ししいたけ、長ねぎを入れて炒める。長ねぎが透き通ってきたら**1**の絞り汁、紹興酒を加えて煮汁がなくなるまで炒める。
3. 炊飯器の内釜に**1**の米、**A**を入れて軽く混ぜ、**2**、**1**の焼き豚、ぎんなんを加えて普通に炊く。
4. 器に盛り、白髪ねぎを飾る。

酢ひじき

酢ひじきのり巻き

甘辛く炊いた油揚げを巻いたシンプルなのり巻き、お寿司好きな方にぜひ食べてほしい。

◆**材料**（2本分）

油揚げ……………………… 1枚
A ┌ だし汁 …………………… 1/2カップ
  │ 砂糖 ……………………… 大さじ1
  │ しょうゆ ………………… 大さじ1
  └ みりん …………………… 大さじ1/2
ごはん（温かいもの）…… 400g

B ┌ ひじきの漬け汁 ………… 大さじ2
  │ 砂糖 ……………………… 小さじ2
  └ 塩 ………………………… ひとつまみ
酢ひじき …………………… 60g
焼きのり …………………… 2枚
甘酢しょうが ……………… 適量

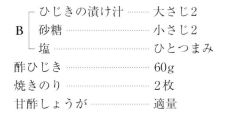

〈下ごしらえ〉
油揚げは油抜きをして短い辺を半分に切り、細切りにする。鍋に**A**を入れて熱し、煮立ったら油揚げを入れ落としぶたをして弱火で煮汁がなくなるまで10分ほど煮る。火を止めてそのまま冷ます。

作り方
1. 下ごしらえした油揚げは軽く煮汁をきる。
2. 飯切（またはボウル）にごはんを入れ、合わせた**B**を回し入れて切るようにさっくりと混ぜる。粗熱がとれたら酢ひじきを入れて混ぜる。
3. 巻きすの上にのりを敷き、半量の**2**を敷いて、半量の**1**を芯になるようにのせて手前から巻く。同じようにもう一本も作る。
4. 食べやすい大きさに切って器に盛り、甘酢しょうがを添える。

酢いちご

いちごシェイク

酢バナナ

ティラミス

酢いちご

いちごシェイク

いちごの酸味と甘みでバニラアイスをさっぱりと味わえます。最初はスプーンですくって食べてください。

◆**材料**（1人分）

酢いちご	1粒
いちごの漬け汁	大さじ1
牛乳または豆乳（成分無調整）	1/2カップ
バニラアイスクリーム	50g
ミントの葉	適量

作り方

1. ミント以外の材料をミキサーに入れて攪拌する。
2. グラスに注ぎ、ミントを飾る。

合わせ酢いろいろ

酢の物や和え物、寿司飯など和食には欠かせない合わせ調味料です。

● **二杯酢**
酢としょうゆまたは塩の合わせ酢。砂糖などの甘みを入れないのでさっぱり仕上がります。魚介類と相性が良い。

● **三杯酢**
酢にしょうゆと砂糖を入れた合わせ酢の基本。どんなものにも合わせやすい酢の物の定番。

● **土佐酢**
三杯酢にだしの風味を合わせたマイルドな合わせ酢。

● **甘酢**
三杯酢より甘味が強く、酢漬けや和え物など幅広く使えます。

● **寿司酢**
寿司飯を作るときに使う、砂糖と塩を合わせた酢。手巻き寿司は砂糖は控えめに、ちらし寿司やいなり寿司は甘めが合います。

● **酢みそ**
ぬたや酢みそ和えに。白みそで上品なコクをプラスして仕上げるのがおすすめ。

そのほかにも、きゅうりのすりおろしを加えた緑酢、大根おろしを入れたみぞれ酢、卵黄を使った黄身酢など飽きずに使えるいろいろな合わせ酢があります。

酢バナナ

ティラミス

生クリームと酢バナナで簡単マスカルポーネチーズ。ほかのフルーツ酢でもぜひ試して欲しいレシピです。

◆**材料** (14×14×4cmの容器)

酢バナナ	50g	生クリーム	1カップ
インスタントコーヒー	大さじ2	バナナの漬け汁	大さじ1
熱湯	大さじ2	卵黄	1個分
カステラ	4切れ	ココアパウダー	適量
グラニュー糖	50g		

作り方

1. ボウルに酢バナナを入れてフォークなどでつぶす。インスタントコーヒーは熱湯で溶かす。カステラは縦に4等分にする。

2. 小鍋に**1**の酢バナナとグラニュー糖（大さじ1）を入れて弱火で熱し、混ぜながらグラニュー糖を溶かす。火を止めてそのまま冷ます。

3. ボウルに生クリームと残りのグラニュー糖を入れて七分立てくらいに泡立てる。バナナの漬け汁、卵黄を入れて八分立てくらいに泡立てる。

4. 容器に半量の**1**のカステラを並べ、半量の**1**のコーヒーを全体にかけてしみ込ませる。半量の**2**を広げ、半量の**3**をのせる。同じようにもう一段重ね、表面を平らにする。

5. **4**を冷蔵庫で4〜5時間ほど冷やしかため、ココアパウダーをふる。

酢グレープフルーツ

カルパッチョ

酢グレープフルーツ

紫キャベツの
グレープフルーツ風味

酢グレープフルーツ

カルパッチョ

ピンクと黄色、見た目の鮮やかさも食欲が増します。ほたて貝柱やたこなどアレンジ自在。

◆**材料**（2人分）

酢グレープフルーツ	2房
刺身（鯛などお好みのもの）	1さく（約120g）
あさつき	適量
塩	少々
オリーブオイル	大さじ2

作り方

1．酢グレープフルーツは1cm角に切る。刺身は薄くそぎ切りにする。あさつきは小口切りにする。

2．**1**の刺身を皿に敷き詰めるように平らに並べ、塩を全体にふる。オリーブオイル（大さじ1）を回しかけて冷蔵庫で30分ほど冷やす。

3．とりだして**1**の酢グレープフルーツを散らし、食べる直前に残りのオリーブオイルを回しかけ、**1**のあさつきを散らす。

酢グレープフルーツ

紫キャベツのグレープフルーツ風味

エスニック好きなら香菜をたっぷり入れて、フライド
オニオンが味のアクセントです。

◆**材料**（2人分）

酢グレープフルーツ	4房
紫キャベツまたはキャベツ	1/8個（約150g）
香菜（お好みで）	適量
塩	小さじ1/2

	グレープフルーツの漬け汁	大さじ2
	サラダ油	大さじ1
A	砂糖	大さじ1/2
	塩	少々
	赤唐辛子（乾燥）	1/2本
フライドオニオン		適量

作り方

1. 酢グレープフルーツは2cm幅に切る。紫キャベツは千切りにする。香菜（お好みで）は2cm長さに切る。**A**の赤唐辛子は種をとって小口切りにする。
2. ボウルに**1**の紫キャベツを入れて塩をふり、5分ほどおいてからもんでしっかりと水分を絞る。
3. 小鍋に**1**の酢グレープフルーツと**A**を入れて熱し、煮立ったら火を止め、粗熱がとれるまで冷ます。
4. 別のボウルに**2**、**3**を入れて混ぜ、**1**の香菜を加えてさっくりと和える。
5. 器に盛り、フライドオニオンを散らす。

酢ブルーベリー

豆乳
レアチーズケーキ

酢キウイ

たこの酢キウイ和え 　　　　　　　長芋の酢キウイ添え

酢ブルーベリー

豆乳レアチーズケーキ

ヨーグルトと豆乳を使ってヘルシーな仕上がりに。ブルーベリーソースはパンやヨーグルトにも合います。

◆**材料**（200ml容量の容器2個分）

水 ……………………………… 大さじ1	（ブルーベリーソース）	
粉ゼラチン ………………………… 2g	酢ブルーベリー …… 50g	
豆乳（成分無調整）………………… 1カップ	グラニュー糖 ……… 25g	
ブルーベリーの漬け汁 …………… 40ml	ミント ……………… 適量	
プレーンヨーグルト（無糖）……… 50g		
グラニュー糖 ……………………… 25g		
生クリーム ………………………… 1/4カップ		

作り方

1. 耐熱の小さな容器に水を入れ粉ゼラチンをふり入れてふやかす。
2. 小鍋に豆乳を入れて熱し、沸騰直前に火を止めてブルーベリーの漬け汁（大さじ2）を加える。10分ほどおいてかたまってきたらペーパータオルを敷いたざるでこす。
3. ボウルに2、プレーンヨーグルトを入れてなめらかになるまでよく混ぜる。グラニュー糖、生クリーム、残りのブルーベリーの漬け汁を順に加え、そのつどよく混ぜる。
4. 1を電子レンジ（500W）で様子を見ながら15〜20秒加熱して溶かし、3に加えてよく混ぜる。
5. 4を容器に流し入れ、冷蔵庫で2〜3時間ほど冷やしかためる。
6. ブルーベリーソースを作る。別の小鍋に酢ブルーベリーとグラニュー糖を入れて熱し、砂糖が溶けて水分が半量になるくらいまでときどき混ぜながら煮詰めてそのまま冷やす。
7. 5に冷ました6をかけてミントを飾る。

酢キウイ ------------------------------

たこの酢キウイ和え

セビチェをイメージした夏の小鉢にぴったりの一品。

◆**材料**（2人分）

酢キウイ	30g
たこ（ゆでたもの）	120g
塩	ふたつまみ
紫たまねぎ	1/4個
ピーマン	1個
A ┌ キウイの漬け汁	大さじ1/2
├ オリーブオイル	大さじ1
└ はちみつ	大さじ1/2
タバスコ（お好みで）	適量

作り方

1. 酢キウイは粗くつぶす。たこは小さめの一口大に切り塩をふり、出てきた水分をしっかりとふきとる。紫たまねぎは粗みじん切りにして水にさらし、水けをしっかりときる。ピーマンは粗みじん切りにする。
2. ボウルに**A**と**1**の酢キウイ、紫たまねぎ、ピーマンを入れて混ぜ、しばらくおいて味をなじませる。
3. 食べる直前に、**2**に**1**のたこを加えて和える。お好みでタバスコをかけていただく。

酢キウイ ------------------------------

長芋の酢キウイ添え

作りおきの三杯酢を使って、切って混ぜるだけ。

◆**材料**（2人分）

酢キウイ	20g
長芋	160g
酢こんぶの三杯酢（P64）	小さじ2

作り方

1. 酢キウイは粗くつぶす。長芋は1cm角に切る。
2. ボウルに**1**の長芋、三杯酢を入れて混ぜる。
3. 器に盛り、**1**の酢キウイをのせる。

酢りんご

ホットアップルティー

酢りんご

りんごパイ

酢りんご

ホット
アップルティー

毎日お酢をとるために、疲れが溜まっている日はリラックスできるホットドリンクを。

◆ **材料**（1人分）

りんごの漬け汁 ·················· 大さじ1
紅茶（お好みのもの）··········· 1カップ
はちみつ（お好みで）··········· 適量

作り方

1. カップにりんごの漬け汁を入れて温かい紅茶を注ぐ。
2. お好みではちみつを加えていただく。

合わせ酢基本の配合

基本の合わせ酢があればレパートリーが広がります。季節に合わせて食材を選んで毎日のお酢生活に役立ててください。

● **二杯酢**
酢…大さじ2、しょうゆ…大さじ1 1/2、
だし汁…大さじ2、塩…適量

● **三杯酢**
酢…大さじ3、しょうゆ…大さじ1、
砂糖…大さじ1 1/2、塩…適量

● **甘酢**
酢…大さじ3、砂糖…大さじ1 1/2、塩…適量

● **寿司酢**
酢…大さじ3、砂糖…大さじ2〜3、
塩…小さじ1/2〜1

● **酢みそ**
酢…大さじ1、白みそ…大さじ2、
砂糖…大さじ1

＊砂糖、塩は好みの味になるように調節してください。砂糖をみりんに変えたりなどアレンジは自由自在です。

酢りんご

りんごパイ

酢りんごで作ったフィリングはまろやかで甘酸っぱい。サクサクのパイ生地との相性をぜひ味わって。

◆**材料**(作りやすい分量)

酢りんご	160g
グラニュー糖	50g
冷凍パイシート	2枚(1枚17×11cm角　100g)
シナモンパウダー	適量
卵液	適量
チャービル	適量

作り方

1. 鍋に酢りんご、グラニュー糖を入れて熱し、グラニュー糖が溶けて水分が半分くらいになるまで煮詰める。粗熱がとれるまで冷ます。
2. 冷凍パイシートは長い辺を2等分して軽くのばし、1/4量の**1**をのせシナモンパウダーをふる。半分に折り、フォークで端をおさえる。同じように残りも作る。
3. オーブンペーパーを敷いた天板に**2**を並べ、はけで表面に卵液をぬり、包丁で3本切り込みを入れる。
4. 200℃に熱したオーブンに入れて焼き始め、焼き色がついたら180℃に温度を下げ、全体で20分ほど焼く。
5. 器に盛り、チャービルを飾る。

酢ゆず

ゆずそば

| 黒すりごま酢 |

レタスナムル

酢ゆず

ゆずそば

ゆずの味と香りが和風だしのおいしさを引き立てます。冷たくしていただけば食欲のない暑い夏にも。

◆**材料**（2人分）

そば（お好みのもの）	……	2人分
A ┌ だし汁	……	3カップ
├ しょうゆ	……	大さじ3〜4
└ みりん	……	大さじ3〜4
酢ゆず	……	6〜8切れ
三つ葉	……	適量

作り方

1. そばは袋の表示通りゆで、しっかりと水けをきる。三つ葉はざく切りにする。
2. 鍋にAを入れて熱し、沸騰したら火を止める。
3. 器に1のそば、酢ゆずを入れ、2をかけ、1の三つ葉を飾る。

＊しょうゆ、みりんの量は好みの味になるように調節してください。

黒すりごま酢

レタスナムル

ボウルいっぱい食べたくなるやみつきの味。この和え衣はどんな野菜にも合います。

◆**材料**（2人分）

グリーンリーフまたはお好みのレタス	……	100g
塩	……	少々
A ┌ 黒すりごま酢	……	大さじ1
└ ごま油	……	大さじ1
もみのり	……	適量

作り方

1. グリーンリーフは食べやすい大きさにちぎる。
2. ボウルに1を入れ、塩をふり、少ししんなりするまで混ぜる。
3. 2に合わせたAを加えて和える。
4. 器に盛り、もみのりをたっぷりかけていただく。

3章

お酢を使った
作りおきレシピ

酢たまねぎ

鶏手羽先の甘辛煮

酢しょうが

ローストチキン

肉

酢たまねぎ

鶏手羽先の甘辛煮

鶏肉の骨もスッと外れて食べやすい、煮込んでいるから酸味もまろやかで酸っぱいものが苦手な方にもおすすめ。

保存期間 3日

◆ **材料**（4人分）

鶏手羽先	12本
サラダ油	大さじ1
A たまねぎの漬け汁	1/4カップ
水	1/2カップ
酒	大さじ2
砂糖	大さじ2
みりん	大さじ2
酢たまねぎ	80g
ゆで卵	4個
しょうゆ	大さじ2 1/2

作り方

1. 手羽先は先の細い部分を関節で切り、手羽中と羽先に分ける。手羽中の裏側の骨に沿って切り込みを入れる。
2. フライパンにサラダ油を入れて熱し、**1**を皮目から入れて表面をこんがりと焼く。
3. ふたのできる鍋に**A**を入れて熱し、煮立ったら**2**を入れ、落としぶたとふたをして弱火で10分ほど煮る。
4. **3**に酢たまねぎ、ゆで卵、しょうゆを入れて落としぶたをして弱火で15分ほど煮る。途中、味をからめるように煮汁をかけながら上下を返す。

酢しょうが

ロ ー ス ト チ キ ン

漬けこんで焼くだけの簡単調理。骨つき肉はテーブルが華やぐのでおもてなしにもぜひ。

保存期間
5 日

肉

◆**材料**（4人分）

酢しょうが	30g
手羽元	12本
塩	小さじ1
こしょう	少々
じゃがいも	2個（約300g）

A
しょうがの漬け汁	大さじ1
薄口しょうゆ	大さじ2
はちみつ	小さじ2
ローズマリー	2枝
ローズマリー	適量

作り方

1. 酢しょうがはみじん切りにする。手羽元は骨に沿って切り込みを入れ、塩、こしょうをもみ込む。じゃがいもはきれいに洗い、皮付きのまま4等分にする。
2. ボウルに**1**の鶏肉、酢しょうが、**A**を入れてもみ込み30分以上漬ける。途中、上下を返す。
3. オーブンペーパーを敷いた天板に汁けをきった**2**、**1**のじゃがいもを**2**の漬け汁にくぐらせて並べる。180℃に温めたオーブンで20〜25分ほど焼く。
4. 器に盛り、ローズマリーを飾る。

酢にんじん

にんじんの牛肉巻き

酢にんにく

牛肉のにんにくみそ炒め

肉

酢にんじん

にんじんの牛肉巻き

和食の定番牛肉巻きは酢にんじんを巻いて。いろどりもきれいなのでお弁当にも入れてほしい。

保存期間 5日

◆ **材料**（4人分）

牛薄切り肉	8枚（約400g）
塩・こしょう	各少々
片栗粉	適量
青じそ	8枚
酢にんじん	80g
サラダ油	大さじ1

A ┌ にんじんの漬け汁 …… 大さじ2
　├ みりん …………………… 大さじ1　1/2
　└ しょうゆ ………………… 大さじ1

作り方

1. 牛肉は広げて、塩、こしょうし、片栗粉を薄くまぶす。
2. **1**の牛肉に青じそ、1/8量の酢にんじんをのせて巻き、片栗粉を全体にしっかりとまぶす。同じように残りも作る。
3. フライパンにサラダ油を入れて熱し、**2**の巻き終わりを下にして並べ、転がしながら表面をこんがりと焼く。
4. フライパンのこげをサッととり、合わせた**A**を回し入れ、転がしながら味をからめる。

| 酢にんにく |

牛肉のにんにくみそ炒め

厚切り肉もやわらかく仕上がる。しっかりした味のおかずはご飯がすすみます。

保存期間 3日

◆**材料**（4人分）

牛肉（焼肉用・お好みのもの） …… 200g
　塩・こしょう ………………… 各少々
にんにくの漬け汁 ………………… 大さじ3
じゃがいも ……………………… 2個（約300g）
サラダ油 ………………………… 大さじ1
酢にんにく ……………………… 20g

A ┌ すりごま ……………… 20g
　│ みそ …………………… 大さじ2
　│ みりん ………………… 大さじ2
　└ しょうゆ ……………… 小さじ1
青ねぎ …………………… 適量

作り方

1. 牛肉は細切りにして塩、こしょうし、にんにくの漬け汁（小さじ1）をもみ込み5分ほどおく。じゃがいもは1cm幅の拍子木切りにして水にさらし、水けをきる。青ねぎは斜め1cm幅に切る。
2. フライパンにサラダ油と酢にんにくを入れて熱し、香りが立ったら**1**のじゃがいもを入れて炒める。じゃがいもが透き通ってきたら片側に寄せ、あいたところに**1**の牛肉を入れて焼き色をつけるように炒める。
3. **2**に残りのにんにくの漬け汁、合わせた**A**を入れて全体に味をからめるように炒める。
4. 器に盛り、**1**の青ねぎを散らす。

酢キャベツ

シュークルート

酢きのこ

肉

きのこソース
ハンバーグ

酢キャベツ

シュークルート

大きめ野菜をコトコト炊いて。シンプルな味付けは素材の味が際立ちます。

保存期間 3日

◆ **材料**（4人分）

豚肩ロース肉（厚切り）	4枚（約400g）
塩	小さじ3/4
こしょう	少々
ベーコン（塊）	100g
たまねぎ	1個
じゃがいも	2個（約300g）
にんじん	1本
サラダ油	大さじ1/2
酢キャベツ	200g

A
キャベツの漬け汁	1/4カップ
水	2カップ
白ワイン	大さじ3
黒粒こしょう	10粒
クローブ	4粒
ローリエ	1枚

ウインナー	4本
塩	適量
パセリ（みじん切り）	適量
粒マスタード（お好みで）	適量

作り方

1. 豚肉は塩、こしょうをする。ベーコンは4等分、たまねぎは縦に4等分する。じゃがいもは2等分にして水にさらし、にんじんは縦横に2等分する。
2. ふたのできる厚手の鍋にサラダ油を熱し、**1**の豚肉を入れて表面に焼き色をつけてとりだす。
3. 同じ鍋に酢キャベツを入れてよく炒める。全体に油が回ったら**1**のベーコン、たまねぎ、にんじん、**2**、**A**を入れる。煮立ったらふたをして弱火で20〜30分ほど煮る。
4. **3**に水をきった**1**のじゃがいも、ウインナーを入れ、ふたをしてじゃがいもがやわらかくなるまで煮る。塩で味を調え、香辛料をとりのぞく。
5. 器に盛り、パセリを散らし、お好みで粒マスタードを添える。

酢きのこ

きのこソースハンバーグ

ソースにもお肉の中にもきのこのうま味を閉じこめました。

保存期間
5日

肉

◆**材料**（4人分）

酢きのこ ……… 80g
たまねぎ ……… 3/4個
合いびき肉 …… 400g

A
卵 ……………… 1個
牛乳 …………… 70ml
パン粉 ………… 20g
塩・こしょう … 各少々
ナツメグ ……… 少々

サラダ油 ……… 大さじ1
水 …………… 1/2カップ

B
きのこの漬け汁 … 大さじ2
トマトケチャップ … 60g
酒 …………… 大さじ2
みそ ………… 大さじ1
砂糖 ………… 小さじ2

バター ………… 10g
じゃがいも ……… 適量

さやいんげん
……………… 適量

作り方

1. 酢きのこは半量はみじん切り、残りはそのままとっておく。たまねぎは半量はみじん切り、残りは縦に薄切りにする。じゃがいもは食べやすい大きさに切って粉ふきいもにする。さやいんげんは塩ゆで（分量外）して食べやすい長さに切る。

2. フライパンにサラダ油（小さじ1）を入れて熱し、**1**の酢きのことたまねぎのみじん切りを入れて炒める。たまねぎが透き通ってきたらとりだして粗熱をとる。

3. ボウルに合いびき肉、**A**を入れてねばりが出るまでよくこねる。**2**を入れてさらによくこね、4等分して空気を抜きながら小判形に丸める。

4. ふたのできるフライパンにサラダ油（大さじ1/2）を入れて熱し、**3**を入れて両面に焼き色をつける。ふたをして蒸し焼きにして中まで火を通してとりだす。

5. フライパンのこげをサッとふきとり、残りのサラダ油を入れて、**1**の残りの酢きのことたまねぎの薄切りを入れて炒める。たまねぎが透き通ってきたら水を入れる。煮立ったら、**B**を入れて混ぜながらとろりとするまで煮詰め、火を止めてバターを入れて溶かす。

6. **5**に**4**を入れてソースをからめる。器に盛り、**1**の粉ふきいも、さやいんげんを添える。

酢ねぎ

ゆで豚の酢ねぎ和え

酢大根

酢大根と豚肉炒め

肉

酢ねぎ

ゆで豚の酢ねぎ和え

ゆでて和えるだけなのに、酢ねぎの奥深い味わいが本格的な味を作ります。

保存期間 3日

◆ **材料**（4人分）

豚ロース薄切り肉 ……… 300g
片栗粉 ……………………… 適量
にら ………………………… 1/2束
ねぎの漬け汁 …………… 大さじ1 1/2

A ┌ 酢ねぎ ………… 20g
　├ しょうゆ ……… 大さじ2
　├ 砂糖 …………… 小さじ2
　└ 豆板醤 ………… 小さじ1/2

作り方

1. 豚肉は半分に切って片栗粉を薄くまぶす。にらは5cm長さに切る。
2. 鍋に約5カップの湯を沸かし、ねぎの漬け汁（大さじ1/2）を入れ、**1**のにらを入れてサッとゆでる。冷水にとり、しっかりと水分を絞る。
3. 同じ鍋に**1**の豚肉を少量ずつ入れて弱火で色がかわるまで1〜2分ほどゆで、ざるにあげて粗熱をとる。
4. ボウルに**A**を入れて混ぜ、残りのねぎの漬け汁、**2**、**3**を加えて和える。

酢大根

酢大根と豚肉炒め

マーマレードのフルーティーな甘味と苦味が豚肉のおいしさを引き出します。

保存期間
5日

肉

◆**材料**（4人分）

酢大根	100g
豚肉（もも、ヒレなどお好みのもの）	300g
塩	少々
大根の漬け汁	小さじ1
サラダ油	大さじ1

A［
大根の漬け汁 大さじ1
酒 大さじ1
］
オレンジマーマレード 大さじ3
粗びき黒こしょう ...... 適量

作り方

1. 酢大根は縦に2等分する。豚肉は一口大に切り、塩、大根の漬け汁をもみ込んで5分ほどおく。
2. フライパンにサラダ油を熱し、**1**の豚肉を入れて表面をこんがりと焼いてとりだす。
3. 同じフライパンに**1**の酢大根を入れて炒め、**A**を入れてさらに炒める。
4. **3**にマーマレード、**2**を入れて味をからめるように炒める。
5. 器に盛り、黒こしょうをふる。

酢ナッツ

砂肝のナッツ炒め

酢黒豆

チリコンカン

肉

147

酢ナッツ

砂肝のナッツ炒め

大人な一品はお酒にぴったり。マッシュルームのかわりにほかのきのこでも。

保存期間 3日

◆ **材料**（4人分）

酢ナッツ	20g
砂肝	150g
塩・こしょう	各少々
マッシュルーム	10個
にんにく	1/2片
赤唐辛子（乾燥）	1/2本
オリーブオイル	大さじ2

A ┌ 酢ナッツの漬け汁 — 大さじ1 1/2
　├ はちみつ — 大さじ1/2
　├ 白ワイン — 大さじ1/2
　└ 塩 — 小さじ1/4

ベビーリーフ — 適量

作り方

1. 酢ナッツは粗みじん切りにする。砂肝はかたい部分をとりのぞき、1cm幅に切って塩、こしょうをする。マッシュルームは薄切りにする。にんにくはみじん切り、赤唐辛子は種をとって小口切りにする。
2. フライパンにオリーブオイルと**1**のにんにく、赤唐辛子を入れて熱し、香りが立ったら**1**の砂肝を入れて炒める。色が変わってきたら、**1**の酢ナッツを加えて炒める。
3. **2**に合わせた**A**を入れて煮立てる。**1**のマッシュルームを入れて全体に味をからめるように炒める。
4. 器に盛り、ベビーリーフを添える。

酢黒豆

チリコンカン

黒豆の食感がきちんと残ったチリコンカン。隠し味のウスターソースは必須です。

保存期間
5日

肉

◆ **材料**（4人分）

にんにく	1片
たまねぎ	3/4個
トマトの水煮（缶詰）	1缶（240g）
オリーブオイル	大さじ1
牛ひき肉	200g
チリパウダー	小さじ1
黒豆の漬け汁	大さじ1
酢黒豆または酢大豆	100g

A ┌ ウスターソース ── 大さじ1
  │ 砂糖 ────── 小さじ1
  └ ローリエ ───── 1枚

塩・こしょう ────── 各適量

作り方

1. にんにく、たまねぎはみじん切り、トマトの水煮は粗くつぶす。
2. 鍋にオリーブオイルと**1**のにんにくを入れて熱し、香りが立ったら牛ひき肉とチリパウダーを入れて炒める。肉の色が変わったら**1**のたまねぎを加えてさらに炒める。
3. **2**に黒豆の漬け汁、**1**のトマトの水煮を入れる。煮立ったら、酢黒豆、**A**を入れて弱火でときどき混ぜながら15分ほど煮る。塩、こしょうで味を調える。

酢かんぴょう

かんぴょう鶏そぼろ

酢干ししいたけ

トマトスープカレー

肉

酢かんぴょう

かんぴょう鶏そぼろ

食物繊維たっぷりのかんぴょうを使って。混ぜながら煮るだけの簡単常備菜。

保存期間
5日

◆ **材料**（4人分）

酢かんぴょう	80g
かんぴょうの漬け汁	大さじ2
鶏ひき肉	400g
しょうゆ	大さじ2 1/2
酒	大さじ2
砂糖	大さじ1
みりん	大さじ1
しょうが（絞り汁）	小さじ2

作り方

1. 酢かんぴょうはざく切りにする。
2. 鍋にすべての材料を入れて熱し、混ぜながら煮汁がなくなるまで煮る。

酢干ししいたけ

トマトスープカレー

さっぱりトマト味のカレーに酢干ししいたけでうま味をプラス。さらっとしているのにコクがあります。

保存期間
3日

肉

◆**材料**（4人分）

酢干ししいたけ ┄┄┄ 2枚
牛肉（カレー用）┄┄ 300g
　塩・こしょう ┄┄┄ 各少々
小麦粉 ┄┄┄┄┄┄ 適量
たまねぎ ┄┄┄┄ 1　1/2個
にんにく ┄┄┄┄┄┄ 1片
しょうが ┄┄┄┄┄┄ 1片
A ┌ サラダ油 ┄┄┄ 大さじ1　1/2
　└ バター ┄┄┄┄┄ 15g

クミンシード ┄┄┄┄┄ 小さじ1
サラダ油 ┄┄┄┄┄┄ 小さじ2
カレー粉 ┄┄┄┄┄ 大さじ1　1/2〜2
B ┌ トマトの水煮（缶詰）┄ 1缶（240g）
　│ 洋風スープ ┄┄┄ 3/4カップ
　│ 赤ワイン ┄┄┄┄ 大さじ1
　│ はちみつ ┄┄┄┄ 大さじ1
　│ 赤唐辛子（乾燥）┄ 1本
　└ ローリエ ┄┄┄┄ 1枚

塩・こしょう ┄┄┄ 各適量
ごはん（温かいもの）
┄┄┄┄┄┄┄┄ 適量
〔簡単ピクルス〕
酢大根 ┄┄┄┄┄ 適量
酢パプリカ ┄┄┄ 適量
はちみつ ┄┄┄┄ 適量

作り方

1. 酢干ししいたけは絞って軸をとり1cm角に切る（絞り汁はとっておく）。牛肉は塩、こしょうをして小麦粉を全体にしっかりとまぶす。たまねぎはみじん切り、にんにく、しょうがはすりおろす。**B**の赤唐辛子は種をとり、トマトの水煮は粗くつぶす。簡単ピクルスを作る。ボウルに酢大根、酢パプリカ、はちみつを入れて混ぜる。

2. ふたのできる厚手の鍋に**A**を入れて弱火で熱し、クミンシード、**1**のたまねぎ、塩（ひとつまみ）を入れてじっくり炒める。**1**の酢干ししいたけ、にんにく、しょうがを入れてさらに炒める。

3. **2**の具材を片側に寄せ、あいたところにサラダ油、**1**の牛肉を入れて焼き色をつけるように炒める。カレー粉を入れて弱火で全体を混ぜながら炒める。

4. **3**に**1**の干ししいたけの絞り汁、**B**を入れて強火にする。煮立ったらふたをして弱火でときどき混ぜながら20分ほど煮る。塩、こしょうで味を調える。

5. 器にごはんを盛り、**4**をかけ、**1**の簡単ピクルスを添える。

＊カレー粉の量は好みの辛さに合わせて調節してください。

153

酢干しえび

蒸し鶏の
具沢山ラー油がけ

酢きくらげ

きくらげ肉団子

肉

酢干しえび

蒸し鶏の具沢山ラー油がけ

肉、魚、豆腐にも、トッピングにしたり味つけに使ったり、いろいろ使える万能保存常備菜。

保存期間
5日

◆ **材料** (作りやすい分量)

酢干しえび	30g	
長ねぎ	1/2本 (約70g)	
にんにく	2片	
しょうが	2片	
A ┌ ごま油	1/4カップ	
└ サラダ油	1/4カップ	
B ┌ 赤唐辛子 (乾燥)	2本	
└ 一味唐辛子	小さじ1/2	

C ┌ 干しえびの漬け汁	大さじ2	
│ しょうゆ	小さじ2	
└ 砂糖	小さじ1	
鶏もも肉	2枚	
塩	小さじ1	
干しえびの漬け汁	小さじ2	
白髪ねぎ	適量	
香菜	適量	

作り方

1. 酢干しえび、長ねぎ、にんにく、しょうがはみじん切りにする。**B**の赤唐辛子は種をとって小口切りにする。
2. フライパンに**1**と**A**を入れて熱し、ふつふつとしだしたら弱火にして、ときどき混ぜながら10分ほどじっくり炒める。
3. **2**に**B**を入れて混ぜながら5分ほど煮る。火を止めて、**C**を加えてよく混ぜる。
4. 鶏肉は余分な脂肪をとりのぞいて塩をもみ込む。耐熱容器に並べて干しえびの漬け汁をふり、ラップをふんわりとかけて電子レンジ (500W) で5〜6分加熱する。そのままおいて粗熱がとれたら食べやすい大きさに切る。
5. 器に盛り、白髪ねぎ、香菜を添えて**3**をかけていただく。

酢きくらげ

きくらげ肉団子

肉団子のうま味がしっかりわかる、ねぎ塩だれが定番になりそうです。

保存期間
5日

肉

◆**材料**（4人分）

酢きくらげ	20g
長ねぎ	1本
豚ひき肉	600g
きくらげの漬け汁	大さじ2

A
卵	1個
片栗粉	大さじ1
しょうゆ	小さじ2
塩	小さじ1

B
ごま油	大さじ1　1/2
塩	小さじ1

揚げ油 ………… 適量

作り方

1. 酢きくらげ、長ねぎは粗みじん切りにする。
2. ボウルに豚ひき肉、きくらげの漬け汁（大さじ1）、**A**を入れてねばりが出るまで混ぜる。**1**の酢きくらげを入れてさらによく混ぜる。手にサラダ油（分量外）少々をつけながら24等分して丸める。
3. 揚げ油を170〜180℃に熱し、**2**を入れてときどき転がしながら3〜4分ほど全体がこんがりとなるまで揚げる。
4. フライパンに**1**の長ねぎ、**B**、残りのきくらげの漬け汁を入れて熱し、香りが立ったら**3**を入れてサッとからめる。

酢きくらげ

きくらげの卵炒め

酢グレープフルーツ

鶏ささみとセロリ和え

肉

酢きくらげ

きくらげの卵炒め

きくらげの食感とふわふわ甘い炒り卵、ごはんがすすむ一皿です。

保存期間 3日

◆ **材料**(作りやすい分量)

酢きくらげ	20g
豚バラ肉(薄切り)	100g
長ねぎ	1本
しょうが	1片
卵	3個
A 砂糖	小さじ1/2
塩	ふたつまみ
サラダ油	大さじ2
B きくらげの漬け汁	大さじ1
酒	大さじ1/2
みりん	大さじ1/2
オイスターソース	大さじ1/2
片栗粉	大さじ1/2

作り方

1. 酢きくらげ、豚肉は細切りにする。長ねぎは斜め薄切り、しょうがは千切りにする。卵は溶きほぐし**A**を入れて混ぜる。
2. フライパンにサラダ油(大さじ1)を入れて熱し、**1**の溶き卵を入れてふわっとなるように炒めてとりだす。
3. 同じフライパンに残りのサラダ油と**1**のしょうがを入れて熱し、香りが立ったら**1**の豚肉を入れて炒める。色が変わってきたら**1**の酢きくらげ、長ねぎを加えて炒める。
4. **3**に合わせた**B**を入れて全体にとろみがつくまで炒める。火を止め、**2**の卵を加えて混ぜる。

酢グレープフルーツ

鶏ささみとセロリ和え

味が染みやすいようにささみは細く裂くのがポイントです。

保存期間
3日

◆ **材料**（4人分）

鶏ささみ	4本
スナップエンドウ	10本
セロリ	1本
グレープフルーツの漬け汁	大さじ1

A ┌ グレープフルーツの漬け汁 ‥‥‥ 大さじ1
　 └ 塩 ‥‥‥ 少々

B ┌ 酢グレープフルーツ ‥‥‥ 6房
　 │ オリーブオイル ‥‥‥ 大さじ3
　 └ 塩 ‥‥‥ 小さじ1/2

作り方

1. 鶏ささみとスナップエンドウは筋をとる。セロリは筋をとって斜め薄切りにする。
2. 鍋に約5カップの湯を沸かし、グレープフルーツの漬け汁と**1**のスナップエンドウを入れて2〜3分ゆでる。ざるにあげて粗熱がとれたら斜めに2等分する。
3. 同じ鍋に**1**のささみを入れて弱火で3〜4分ほどゆでる。ざるにあげて粗熱がとれたら手で細く裂く。
4. ボウルに**3**、**A**を入れて混ぜ、5分ほどおいて味をなじませる。
5. 別のボウルに**B**を入れて酢グレープフルーツをつぶしながら混ぜる。
6. **5**に**1**のセロリ、**2**、**4**を加えて和える。

酢ブルーベリー

ポークステーキ
ブルーベリーソース

酢干しぶどう

レーズンスペアリブ

肉

酢ブルーベリー

ポークステーキ ブルーベリーソース

ブルーベリーのフルーティーな酸味と甘みがお肉の味を引き立てます。

保存期間
5日

◆ **材料**（4人分）

豚ロース肉（厚切り）	4枚（約400g）	じゃがいも	適量
塩	小さじ3/4	パセリ（みじん切り）	適量
こしょう	少々	クレソン	適量
ブルーベリーの漬け汁	大さじ2	ラディッシュ	適量
オリーブオイル	小さじ2		

A
- ブルーベリー酢 ……… 40g
- 赤ワイン ……… 大さじ1
- 砂糖 ……… 大さじ1
- しょうゆ ……… 小さじ1

作り方

1. 豚肉は常温に戻して筋切りし、塩、こしょう、ブルーベリーの漬け汁（小さじ1）をもみ込む。じゃがいもはマッシュポテトにしてパセリをふる。ラディッシュは2等分する。
2. フライパンにオリーブオイルを熱し、**1**の豚肉を入れて表面をこんがりと焼いて中まで火を通し、バットにとりだす。
3. フライパンのこげをサッとふきとり、あれば**2**のバットに出た肉汁（豚肉の焼き方によっては多く出ることも、あまり出ないこともあります）、残りのブルーベリーの漬け汁、**A**を入れて煮詰める。
4. 器に**2**を盛り、**1**のマッシュポテト、ラディッシュ、クレソンを添え、**3**をかける。

＊焼いた豚肉は冷めないように、温めたオーブンに入れたり、アルミホイルをかけたりしてください。

酢干しぶどう

レーズンスペアリブ

ボリュームのある骨つき肉はうま味も残ったまま、やわらかく仕上がります。手でかじりつくのが一番。

保存期間 5日

肉

◆材料（4人分）

豚肉（スペアリブ） ……… 8本（約800g）
A ┌ 塩 ……………………… 小さじ1
  │ 干しぶどうの漬け汁 …… 小さじ1
  │ しょうゆ ……………… 大さじ1
  └ 酒 ……………………… 小さじ1
サラダ油 ………………………… 大さじ1

B ┌ 酢干しぶどう …………… 50g
  │ 干しぶどうの漬け汁 …… 大さじ1
  │ にんにく ……………… 1片
  └ 酒 ……………………… 大さじ1
C ┌ しょうゆ ……………… 大さじ1　1/2
  └ はちみつ ……………… 大さじ1　1/2

作り方

1. 大きめの鍋に湯を沸かし、豚肉を入れて表面が白くなったらすぐにざるにあげる。全体をフォークで数カ所刺し、**A**を順にもみ込む。**B**のにんにくはすりおろす。
2. フライパンにサラダ油を入れて熱し、**1**の豚肉を入れて表面をこんがりと焼く。フライパンのこげをサッとふきとり、合わせた**B**を加えて混ぜる。アルミホイルで落としぶたをして弱火で10分ほど煮る。途中、上下を返す。
3. **2**に**C**を入れて全体に味をからめるように煮詰める。

塩麹酢

塩麹鶏天

酢梅干し

鶏ひき肉とかぶの
梅酢あん

塩麹酢

塩麹鶏天

塩麹と合わせたお酢が淡白なむね肉をジューシーでおいしい鶏天に。

保存期間
3日

◆ **材料**（4人分）

鶏むね肉	2枚（約500g）	B	小麦粉	50g
A	塩麹酢　大さじ2		片栗粉	50g
	しょうゆ　大さじ2	冷水	1/2カップ	
	こしょう　少々	揚げ油	適量	
小麦粉	適量	レモン	適量	
卵	1個			

作り方

1. 鶏肉は余分な脂肪をとりのぞき、大きめのそぎ切りにする。**A**をもみ込み30分以上漬けて汁けをきり、小麦粉を全体に薄くまぶす。卵は溶きほぐす。レモンはくし形切りにする。
2. ボウルに**B**を入れて全体をさっくりと混ぜ、**1**の溶き卵、冷水を加えてねばりが出ないように混ぜる。
3. 揚げ油を170〜180℃に熱し、**1**の鶏肉を**2**にくぐらせて入れる。上下を返しながらこんがりと揚げる。
4. 器に盛り、**1**のレモンを添える。

酢梅干し

鶏ひき肉とかぶの梅酢あん

梅干し入りのだしの風味を生かしたひき肉あんはかぶとよく合います。

保存期間
3日

肉

◆材料（4人分）

酢梅干し ─── 1個
かぶ ─── 3個（約400g）
かぶの茎 ─── 30g
片栗粉 ─── 小さじ1　1/2
鶏ひき肉 ─── 100g

A
梅干しの漬け汁 ─── 大さじ1/2
だし汁 ─── 3/4カップ
酒 ─── 大さじ2
みりん ─── 大さじ2

作り方

1. 酢梅干しは種をとって2～3等分にする（種はとっておく）。かぶは根元から茎を2cmほど残して切り落とし、6等分のくし形切りにして皮をむく。かぶの茎は小口切りにする。片栗粉は倍量の水（分量外）で溶いておく。
2. 鍋に鶏ひき肉、**A**を入れて混ぜながら熱し、煮立ったら**1**のかぶを入れ、落としぶたとふたをして6～7分ほど煮る。
3. **2**に**1**の酢梅干し、種を加える。酢梅干しを崩しながらひと煮立ちさせ、**1**のかぶの茎を入れてかぶが透き通るまで2～3分煮る。
4. **3**に**1**の水溶き片栗粉を入れてとろみをつける。

肉

黒すりごま酢

黒すりごま角煮

酢レモン

ほたて貝柱のレモングリル

魚

| 黒すりごま酢 |

黒すりごま角煮

下ゆでする一手間とお酢を使うだけでびっくりするやわらかさ。黒すりごまの風味も加わった新しい角煮です。

保存期間
5日

◆ **材料**（4人分）

豚バラ肉（塊）	約800g（約400g×2本）
しょうが	2片
長ねぎ（青い部分）	1本分

A
- 黒すりごま酢 …… 大さじ3
- 砂糖 …… 大さじ3
- 酒 …… 大さじ2
- みりん …… 大さじ2

しょうゆ	大さじ3
白髪ねぎ	適量
練り和辛子（お好みで）	適量

〈下ごしらえ〉
1. 鍋に豚肉とたっぷりの水を入れて熱し、沸騰して、豚肉の表面が白くなったらとりだして水でサッと洗う。
2. 別の鍋に1の豚肉を入れ、かぶるくらいの水約6カップ（分量外）、しょうが、長ねぎを入れて熱し、煮立ったら弱火で2時間ほどゆでる。しょうがと長ねぎをとりだし、冷めるまでそのままおく（冷蔵庫に入れて一晩おくとよい）。
3. 表面に白くかたまった脂をとりのぞき（ゆで汁はとっておく）、5cm幅に切る。

作り方
1. 鍋に下ごしらえした豚肉とゆで汁1　1/2カップ（足りないときは水を足す）、**A**を入れて熱し、煮立ったら弱火で落としぶたをして20分ほど煮る。
2. **1**にしょうゆを加えて落としぶたをして、さらに20分ほど途中煮汁をかけながら煮る。
3. 器に盛り、白髪ねぎ、お好みで練り辛子を添える。

酢レモン

ほたて貝柱のレモングリル

レモンも一緒に焼いてバターのコクの中にさっぱりさをプラス。ほたて貝柱は食感を残すため、焼きすぎに注意。

保存期間
5日

魚

◆**材料**（4人分）

酢レモン	5切れ
ほたて貝柱	20個（約400g）
塩	少々
塩・こしょう	各少々
小麦粉	適量
バター	20g

A ┌ レモンの漬け汁 ……… 大さじ3
　└ 薄口しょうゆ ……… 小さじ2
粗びき黒こしょう ……… 適量

作り方

1. 酢レモンは2等分する。ほたて貝柱に塩をふり、出てきた水分をしっかりとふきとる。

2. **1**のほたて貝柱に塩、こしょうをふり、小麦粉を全体にしっかりとまぶす。

3. フライパンにバターを入れて熱し、**2**を入れて両面をこんがりと焼く。

4. **3**をフライパンの片側に寄せ、あいたところに**1**の酢レモン、**A**を入れて煮立て、全体に味をからめるように炒め、黒こしょうをふる。

酢レモン

サーモンのレモン蒸し

酢たまねぎ

魚

鯖のカレーチーズ焼き

酢レモン

サーモンのレモン蒸し

フライパンで重ねて蒸してすぐできます。同じフライパンでクリームソースも完成。

保存期間
3日

◆**材料**（4人分）

酢レモン	4切れ
サーモン	4切れ（約320g）
塩	少々
レモンの漬け汁	小さじ2
大根	2cm（約80g）
塩・こしょう	各適量
白ワイン	大さじ3

A ┌ 生クリーム ······ 1/2カップ
　└ 粒マスタード ······ 小さじ2

作り方

1. 酢レモンは2等分する。サーモンに塩をふり、出てきた水分をしっかりとふきとり、レモンの漬け汁をかけて5分ほどおく。大根は横に8等分にする。
2. **1**のサーモンに塩、こしょう（各少々）をふる。
3. ふたのできるフライパンに**1**の大根、**2**のサーモン、**1**の酢レモンの順にのせて白ワインを回しかける。ふたをして熱し、蒸気が上がったら弱火で5〜6分ほど蒸し、サーモンと大根、酢レモンを器に盛る。
4. 同じフライパンに**A**を入れて煮詰め、塩、こしょうで味を調え、器に盛った**3**にかける。

酢たまねぎ

鯖のカレーチーズ焼き

青魚が苦手な人にも食べやすいカレーチーズ味。酢たまねぎがアクセント。

保存期間
5日

魚

◆**材料**（4人分）

酢たまねぎ	100g	カレー粉	小さじ2
鯖（3枚におろしたもの）	1尾分	小麦粉	適量
塩	少々	サラダ油	大さじ1　1/2
たまねぎの漬け汁	小さじ2	ピザ用チーズ	80g
塩・こしょう	各適量		

作り方

1. 酢たまねぎは粗みじん切りにする。鯖に塩をふり、出てきた水分をしっかりとふきとり、たまねぎの漬け汁をかけて5分ほどおき、そぎ切りにする。
2. **1**に塩、こしょう（各少々）をふり、カレー粉、小麦粉の順にまぶす。
3. フライパンにサラダ油を熱し、**2**を入れて両面をこんがりと焼き、バター（分量外）をぬった耐熱皿に並べる。
4. 同じフライパンに**1**の酢たまねぎを入れて炒める。塩、こしょう（各少々）をふってさらに炒め、**3**の鯖の上にのせる。
5. **4**にピザ用チーズをのせ、温めたオーブントースターに入れてチーズに焼き色がつくまで5分ほど焼く。

酢しょうが

カジキのジンジャーソース

酢キャベツ

酢キャベツの
キッシュ風

魚

酢しょうが

カジキのジンジャーソース

クミンパウダーの香りが食欲を刺激します。鶏肉や豚肉にも合うソースです。

保存期間
5日

◆ **材料**（4人分）

酢しょうが	20g
カジキ	4切れ（約400g）
塩	少々
塩・こしょう	各少々
小麦粉	適量
サラダ油	大さじ1　1/2

A
白ワイン	70ml
はちみつ	大さじ1
塩	小さじ1/2
クミンパウダー	小さじ1/2

赤・黄パプリカ	各適量
チャービル	各適量

作り方

1. 酢しょうがはみじん切りにする。カジキは2等分して塩をふり、出てきた水分をしっかりとふきとる。パプリカは小さめの乱切りにして塩ゆで（分量外）する。
2. **1**のカジキに塩、こしょうをふり、小麦粉を全体にしっかりとまぶす。
3. フライパンにサラダ油と**1**の酢しょうがを入れて熱し、香りが立ったら**2**を入れて両面をこんがりと焼いてとりだす。
4. 同じフライパンに**A**を入れて熱し、**3**を入れて味をからめるように煮詰める。
5. 器に盛り、**1**のパプリカを添えチャービルを飾る。

酢キャベツ

酢キャベツのキッシュ風

野菜もたっぷり入ったキッシュ。ほうれん草とスモークサーモンの相性は満点。

保存期間
3日

魚

◆材料（4人分）

ほうれん草	1/2束（約100g）
オリーブオイル	大さじ1
酢キャベツ	80g
塩・こしょう	各少々
スモークサーモン	80g
卵	4個

	生クリーム	1/2カップ
	牛乳	1/2カップ
A	粉チーズ	大さじ2
	塩	ふたつまみ
	粗びき黒こしょう	少々
	ピザ用チーズ	80g

作り方

1. ほうれん草はざく切りにする。
2. フライパンにオリーブオイルを入れて熱し、酢キャベツを入れてよく炒める。1を入れて塩・こしょうをしてさらに炒め、とりだして粗熱をとる。
3. ボウルに卵を溶きほぐし、Aを入れてよく混ぜる。
4. 耐熱容器に2を入れ、表面を平らにしてスモークサーモンをのせる。3を流し入れてピザ用チーズを全体に散らす。
5. 180℃に温めたオーブンで25〜30分ほど焼く。途中、こげそうならアルミホイルをかける。

酢トマト

イカの酢トマト炒め

酢ねぎ

海鮮ねぎにらチヂミ

魚

183

酢トマト

イカの酢トマト炒め

弾力のある食感を残すために下ごしらえはきちんとしてください。オイスターソースが隠し味。

保存期間 3日

◆ **材料**（4人分）

イカ	2杯（約240g）
塩	小さじ1/4
トマトの漬け汁	大さじ1
片栗粉	適量
ピーマン	4個
しょうが	1片
サラダ油	大さじ2

A ┌ 酢トマト ── 30g
　├ トマトの漬け汁 ── 大さじ2
　└ みりん ── 大さじ1

オイスターソース ── 小さじ2

〈下ごしらえ〉
イカは足を抜き、内臓、目玉、くちばし、軟骨をとりのぞく。胴はエンペラをはがし、1cm幅の輪切りにする。エンペラと足は食べやすい大きさに切る。塩とトマトの漬け汁をかけてもみ、水で洗ってしっかりと水けをふき片栗粉をまぶす。

作り方

1. ピーマンは種とワタをとり、縦に1cm幅、しょうがは薄切りにする。
2. フライパンにサラダ油（大さじ1）と**1**のしょうがを入れて熱し、香りが立ったら下ごしらえしたイカを入れてサッと炒めてとりだす。
3. 同じフライパンに残りのサラダ油を入れて熱し、**1**のピーマンを入れて炒める。**A**を加えて煮詰めるように炒める。
4. **3**に**2**を入れて混ぜ、オイスターソースを加えて味をからめるように炒める。

酢ねぎ

海鮮ねぎにらチヂミ

焼き上げるときの仕上げのごま油を忘れずに。風味が格段にアップします。

保存期間
5日

魚

◆材料（4人分）

にら	1束	
シーフードミックス	150g	
ねぎの漬け汁	小さじ1	
小麦粉	適量	

A
小麦粉	120g
上新粉または片栗粉	80g
ねぎの漬け汁	大さじ2
卵	2個
水	2カップ
砂糖	小さじ1
塩	小さじ1

酢ねぎ	60g
サラダ油	大さじ2
ごま油	小さじ1

B
しょうゆ	大さじ1
ねぎの漬け汁	大さじ1
白いりごま	小さじ1
赤唐辛子（乾燥）	1/2本

作り方

1. にらは5cm長さに切る。シーフードミックスはねぎの漬け汁をふり、5分ほどおいて水けをしっかりとふき、小麦粉を全体にまぶす。**B**の赤唐辛子は種をとって小口切りにする。
2. ボウルに**A**を入れて混ぜ、冷蔵庫で10分ほど寝かす。
3. **2**に**1**のにら、シーフードミックス、酢ねぎを入れてさっくりと混ぜる。
4. フライパンにサラダ油（大さじ1）を入れて熱し、半量の**3**を入れて広げる。両面をこんがりと焼き、仕上げにごま油（小さじ1/2）を入れてカリッとさせる。同様にもう1枚焼く。
5. 食べやすい大きさに切って器に盛り、合わせた**B**をつけていただく。

赤唐辛子酢

えびのピリ辛甘酢炒め

魚

青じそ酢

アジフライ 青じそタルタルソース

青じそ入りの手作り和風タルタルソース。野菜につけたりパンにのせたりいろいろ使えます。

保存期間 3日

◆ **材料**（4人分）

たまねぎ	1/10個（20g）
ゆで卵	2個
A ┌ 青じそ酢	大さじ1
├ マヨネーズ	40g
└ 塩・こしょう	各少々
アジ（片開きしたもの）	8尾
塩	少々
青じそ酢	大さじ1
塩	適量
こしょう	少々
小麦粉	適量
溶き卵	適量
パン粉	適量
揚げ油	適量
キャベツ	適量
トマト	適量

作り方

1. たまねぎは粗みじん切りにする。キャベツは千切り、トマトは食べやすい大きさのくし形切りにする。
2. ボウルに**1**のたまねぎを入れて塩（少々）をふり、しばらくおいて水で洗ってしっかりと水けをきる。
3. 別のボウルにゆで卵を入れ、フォークなどでつぶし、**A**、**2**を入れて混ぜる。
4. アジは塩をふり、出てきた水分をしっかりとふきとる。バットに並べ青じそ酢をまぶして5分ほどおく。
5. **4**の水分を軽くふき、塩、こしょう（各少々）をふる。小麦粉、溶き卵、パン粉の順につけて170〜180℃に熱した油でカラリと揚げ、器に盛る。
6. **5**に**1**のキャベツ、トマト、**3**を添える。

赤唐辛子酢

えびのピリ辛甘酢炒め

プリプリのえびに仕上げるためには加熱しすぎに注意。みんな大好きな甘酢をピリ辛に。ビールがすすみます。

保存期間
5日

魚

◆**材料**（4人分）

えび	20尾	
A	片栗粉	大さじ2
	水	大さじ2
	塩	小さじ1/2
にんにく	1片	
しょうが	1片	

長ねぎ	1/2本（約70g）
赤唐辛子酢	小さじ2
片栗粉	適量
サラダ油	大さじ2
ごま油	大さじ1

B	赤唐辛子酢	1/4カップ
	砂糖	大さじ1
	紹興酒または酒	大さじ1
	薄口しょうゆ	大さじ1
	片栗粉	小さじ1

〈下ごしらえ〉
えびはよく洗い、殻と背ワタをとりのぞき、**A**をかけてもむ。流水できれいに洗い流し、しっかりと水けをふき、背に切り込みを入れる。

作り方

1. にんにく、しょうが、長ねぎはみじん切りにする。
2. ボウルに下ごしらえしたえび、赤唐辛子酢を入れて5分ほどおく。軽く水けをふき片栗粉をまぶす。
3. フライパンにサラダ油を入れて熱し、**2**を入れて両面をこんがりと焼いてとりだす。
4. 同じフライパンにごま油と**1**を入れて熱し、香りが立ったら合わせた**B**を加え、とろみがつくまで煮詰める。**3**を入れて味をからめるように炒める。

酢パプリカ

ツナスコップコロッケ

酢こんぶ

鯛のこぶ締め

魚

酢パプリカ

ツナスコップコロッケ

じゃがいものホクホククリーミー感を味わってほしいので、大きくすくってたっぷり食べてください。

保存期間
3 日

◆材料 (4人分)

酢パプリカ ……… 30g
たまねぎ ………… 1/4個
じゃがいも …… 小3個 (約400g)
ツナ (缶詰) …… 1缶 (140g)
塩 …………………… 小さじ1

A ┌ 生クリーム …… 1/2カップ
　├ 塩 ………………… 小さじ1/2
　├ ナツメグ ……… 小さじ1/2
　└ こしょう ……… 少々

B ┌ パン粉 ………… 10g
　└ バター ………… 10g

作り方

1. 酢パプリカは粗みじん切りにする。たまねぎはみじん切りにする。じゃがいもはきれいに洗う。ツナは缶の汁けをきってほぐす。
2. 鍋に1のじゃがいもを皮付きのまま入れ、ひたひたにかぶるくらいの水 (分量外) と塩を入れて熱し、やわらかくなるまでゆでる。ざるにあげて熱いうちに皮をむく。
3. ボウルに2、1の酢パプリカ、たまねぎ、ツナを入れてじゃがいもをつぶしながら混ぜる。
4. 3にAを入れてなめらかになるまで混ぜ、耐熱容器に入れる。
5. 4の表面を平らにしてBを全体に散らす。230℃に温めたオーブンで15 〜 20分ほど焼き色がつくまで焼く。

酢こんぶ

鯛のこぶ締め

身がほどよく締まって、おいしさがギュッと詰まった鯛はわさび塩がよく合います。

保存期間
3日

魚

◆**材料**（作りやすい分量）

酢こんぶ 10g
鯛（刺身用） .... 2さく（約300g）
　塩 .... ふたつまみ
こんぶの漬け汁 大さじ2
青じそ .... 適量
塩 .... 適量
わさび .... 適量

作り方

1．酢こんぶは5mm幅の細切りにする。鯛に塩をふり、出てきた水分をしっかりとふきとる。
2．バットに**1**の鯛を並べ、**1**の酢こんぶをのせ、こんぶの漬け汁をかける。ラップをきっちりとして冷蔵庫に入れて10分ほどおく。とりだして鯛をそぎ切りにする。
3．器に青じそを敷いて**2**の鯛、酢こんぶ、塩、わさびを盛る。

酢煮干し

酢じゃこ

ししとうと煮干し炒め

酢煮干し

ズッキーニとたらこの
二杯酢和え

魚

酢煮干し

ししとうと煮干し炒め
だしをとった煮干しの活用法。

保存期間
5日

◆ **材料**（作りやすい分量）

ししとう	20本（約100g）
サラダ油	大さじ1　1/2
酢煮干し	80g
A ┌ 煮干しの漬け汁	大さじ1
｜ にんにく	1/2片
｜ みりん	1/4カップ
｜ 酒	大さじ2
└ 塩	小さじ1/2

作り方

1. ししとうは竹串などで数カ所穴を開ける。**A**のにんにくはすりおろす。
2. フライパンにサラダ油を弱火で熱し、酢煮干しを入れてじっくり炒める。**1**のししとうを入れてさらに炒める。全体に油が回ったら、合わせた**A**を入れて中火で煮汁がなくなるまで炒める。

酢煮干し

酢じゃこ
ごまめ風の箸休め。

保存期間
5日

◆ **材料**（作りやすい分量）

ごま油	大さじ1
酢煮干し	100g
A ┌ 煮干しの漬け汁	大さじ1
└ 砂糖	大さじ1
黒いりごま	大さじ1

作り方

1. フライパンにごま油を弱火で熱し、酢煮干しを入れてじっくり炒める。
2. **1**に**A**を入れて中火で煮汁がなくなるまで炒める。火を止めて黒ごまを入れて混ぜる。

酢煮干し

ズッキーニと
たらこの二杯酢和え

作りおきの二杯酢があれば、あっという間に出来上がり。生の
ズッキーニでぜひ試してください。

保存期間
3日

魚

◆**材料**（作りやすい分量）

ズッキーニ	1本
たらこ	1/2腹
塩	少々
酢煮干しの二杯酢（P64）	大さじ1

作り方

1. ズッキーニは半月の薄切りにする。たらこは焼いて横に1cm幅に切る。

2. ボウルに**1**のズッキーニを入れて塩をふり、5分ほどおいて軽くもんでしっかりと水分を絞る。

3. 別のボウルに**1**のたらこ、**2**、二杯酢を入れ、たらこを崩すように和える。

酢ゆず

ブリのゆずしょうゆ漬け

酢パイナップル

白身魚のパイナップルソース

魚

酢ゆず

ブリのゆずしょうゆ漬け

照り焼きだけじゃない、ブリの新しいレシピは味も見た目も上品に。

保存期間
5日

◆ **材料**（4人分）

ブリ	4切れ（約400g）
塩	少々
長ねぎ（白いところ）	1/2本（約70g）
ししとう	4本

A ┌ ゆずの漬け汁 ── 大さじ1
　├ しょうゆ ────── 大さじ2
　└ みりん ──────── 大さじ1

酢ゆず ──── 4切れ

作り方

1. ブリに塩をふり、出てきた水分をしっかりとふきとる。長ねぎは横に8等分に切り、斜めに2カ所ずつ切り込みを入れる。ししとうは竹串などで数カ所穴を開ける。
2. 魚焼きグリルに1を並べ、表面にこんがりと焼き色がつくように焼いてそれぞれ中まで火を通す。
3. 鍋にAを入れて熱し、煮立ったらバットに入れる。
4. 3に酢ゆず、2を入れて味がなじむまで10分以上漬ける。途中、上下を返す。
5. 器に4のブリ、長ねぎ、ししとうを盛り、酢ゆずは2等分して添える。

＊味がしみるようにブリが熱いうちに漬け込みましょう。

酢パイナップル

白身魚のパイナップルソース

リピート間違いなしのパイナップル風味の甘酢あん。
いろいろな素材に使えます。

保存期間
3日

魚

◆**材料**（4人分）

酢パイナップル	30g
白身魚（スズキ、たらなどお好みのもの）	4切れ（約400g）
塩	少々
A┌ パイナップルの漬け汁	小さじ1
└ しょうゆ	小さじ1
卵白	1個分
片栗粉	適量
サラダ油	大さじ2

B┌ パイナップルの漬け汁	大さじ1
│ 酒	大さじ2
│ みりん	大さじ1
│ しょうゆ	大さじ1/2
│ トマトケチャップ	大さじ1/2
│ ごま油	小さじ1/2
└ 鶏ガラスープ（顆粒）	ふたつまみ

作り方

1. 酢パイナップルは粗みじん切りにする。白身魚は塩をふり、出てきた水分をしっかりとふきとり一口大に切る。
2. ボウルに**1**の白身魚、**A**を入れて混ぜ15分ほどおく。卵白は溶きほぐす。
3. **2**の白身魚は**2**の卵白にくぐらせて片栗粉をしっかりとまぶす。
4. フライパンにサラダ油を熱し、**3**の白身魚を入れて全体がカリッとなるまで焼いてとりだす。
5. 同じフライパンに**B**を入れて熱し、煮立ったら**4**の白身魚を入れて味をからめるように炒める。

酢パイナップル

シーフードマリネ

塩麹酢

たらの香草パン粉焼き

魚

203

酢パイナップル

シーフードマリネ

夏はしっかり冷やして、パイナップルの甘さをアンチョビの塩けが引き立てます。

保存期間 3日

◆ **材料**（作りやすい分量）

酢パイナップル	50g
アンチョビ（フィレ）	2〜3枚（約20g）
ブロッコリー	1/2個（約100g）
ミニトマト	4個
たこ（ゆでたもの）	200g
えび	6尾

A	酢パイナップル	小さじ1
	塩	小さじ1
パイナップルの漬け汁		大さじ2
塩		適量
こしょう		少々
サラダ油		1/2カップ

作り方

1. 酢パイナップルは5mm角に切る。アンチョビは粗みじん切りにする。ブロッコリーは小房に分ける。ミニトマトは4等分する。たこは一口大に切る。えびはきれいに洗い、背ワタを取る。
2. 鍋に約5カップの湯を沸かし**A**を入れ、**1**のたこを入れてすぐにざるにあげて粗熱をとる。同じ鍋にえびを入れて弱火で2分ほどゆでてざるにあげる。粗熱がとれたら殻をむき、横に2等分する。
3. ボウルに**2**、パイナップルの漬け汁を入れてしばらくおく。
4. 別の鍋に約5カップの湯を沸かし、塩（少々）と**1**のブロッコリーを入れて2〜3分ゆでる。ざるにあげて粗熱をとる。
5. 別のボウルに**1**のアンチョビ、塩（小さじ1/2）、こしょうを入れて混ぜる。サラダ油を少しずつ加えながらしっかりと混ぜ、**1**の酢パイナップルを入れて混ぜる。
6. **3**に**1**のミニトマト、**4**、**5**を入れてさっくりと和える。

塩麹酢

たらの香草パン粉焼き

塩麹がたらのうま味を引きだし、パセリが入ったパン粉が閉じ込めます。

保存期間
3日

魚

◆**材料**（4人分）

たら	4切れ（約400g）	バター	40g
塩	少々	グリーンリーフ	適量
塩麹酢	大さじ1	ミニトマト	適量

A
- 塩麹酢 …… 1/2カップ
- パン粉 …… 30g
- パセリ（みじん切り）…… 大さじ3
- オリーブオイル …… 大さじ1
- こしょう …… 少々

レモン …… 適量

作り方

1. たらは塩をふり、出てきた水分をしっかりとふきとる。塩麹酢をまぶして10分ほどおく。バターは細かく切る。グリーンリーフは食べやすい大きさ、ミニトマトは2等分、レモンはくし形切りにする。
2. ボウルに**A**を入れてよく混ぜる。
3. バター（分量外）をぬった耐熱皿に**1**のたらをのせ、1/4量の**2**をのせ、**1**のバターをそれぞれのたらに散らす。
4. 温めたオーブントースターに**3**を入れて12〜13分ほど焼く。途中、こげそうならアルミホイルをかける。
5. 器に盛り、**1**のグリーンリーフ、ミニトマト、レモンを添える。

| 酢梅干し |

魚

鰆のさっぱり梅煮

酢レモン

レモンマーマレード

野菜・その他

> 酢梅干し

鰆のさっぱり梅煮

どんな魚を煮てもさっぱりまろやかに仕上がる、梅の効果を味わってください。

保存期間 5日

◆ **材料**（4人分）

酢梅干し	1個
鰆（切り身）	4切れ（約400g）
塩	少々
梅干しの漬け汁	大さじ2

A
- 水 …… 1/2カップ
- みりん …… 大さじ2
- 酒 …… 大さじ2
- しょうゆ …… 大さじ1　1/2
- 砂糖 …… 大さじ1

青じそ	適量
白髪ねぎ	適量

作り方

1. 酢梅干しは種をとって包丁で軽くたたく（種はとっておく）。鰆は塩をふり、出てきた水分をしっかりとふきとる。梅干しの漬け汁（小さじ2）をまぶして5分ほどおく。
2. 鍋に**1**の酢梅干し、種、残りの梅干しの漬け汁、**A**を入れて熱し、煮立ったら**1**の鰆を入れて落としぶたをし、弱火でときどき煮汁をかけながら12〜13分ほど煮る。
3. 器に青じそを敷き、**2**を盛り白髪ねぎを飾る。

酢レモン

レモン
マーマレード

お酢に漬けているので、レモンの苦味が和らぎます。パンやヨーグルトにも。

保存期間
2週間

◆**材料**（作りやすい分量）

酢レモン ···················· 100g
砂糖 ····························· 30g
レモンの漬け汁 ······· 大さじ2

作り方

1. 酢レモンは粗みじん切りにする。
2. 小鍋にすべての材料を入れて弱火で熱し、砂糖が溶けて水分がなくなるまでときどき混ぜながら煮る。

手作りドレッシング

お酢をベースにしたレシピで忘れてはいけないのがサラダなどに使うドレッシング。基本のドレッシングを覚えておけばアイデア次第でどんな献立にも合わせられます。

◆**材料**（作りやすい分量）

酢（お好みのもの） ····· 大さじ2
塩・こしょう ·············· 各適量
サラダ油 ························ 90ml

作り方

ボウルに酢と塩、こしょうを入れて混ぜ、サラダ油を少しずつ糸をたらすように入れながら混ぜて乳化させる。

＊基本のフレンチドレッシングにディジョンマスタード（大さじ1/2）、しょうゆ（大さじ1 1/2）を入れたり、サラダ油のかわりにオリーブオイル、グレープシードオイル、ごま油などを使ったり自由に組み合わせてください。そのほかにも、酢を本書で紹介しているフルーツ酢に変えたり、アンチョビ、ごま、粒マスタード、たまねぎのすりおろしなどを入れるのもおすすめです。

野菜・その他

酢キャベツ

コールスローサラダ

酢きのこ

きのことキャベツの
スパイス炒め

野菜・その他

酢キャベツ

コールスローサラダ

定番のコールスローも酢キャベツを使って作ります。にんじんとコーンの甘さがきいています。

保存期間
3日

◆**材料**（4人分）

にんじん	1/2本
スイートコーン（缶詰）	1缶（120g）
塩	ひとつまみ
酢キャベツ	200g

A
マヨネーズ	大さじ2
はちみつ	大さじ1/2
オリーブオイル	小さじ1
マスタード	小さじ1
塩・こしょう	各少々

作り方

1．にんじんは千切りにする。コーンは水けをきっておく。
2．ボウルに**1**のにんじんを入れて塩をふり、出てきた水分をしっかりと絞る。
3．別のボウルに酢キャベツ、**2**、**1**のコーンを入れて混ぜる。
4．**3**に合わせた**A**を加えて混ぜる。

酢きのこ

きのことキャベツのスパイス炒め

きのこはじっくり炒めてうま味を引き出します。野菜だけでもしっかりおいしい。

保存期間
5日

野菜・その他

◆**材料**（4人分）

酢きのこ ………	50g
キャベツ ………	1/4個（約300g）
にんにく ………	1片
サラダ油 ………	大さじ1　1/2
塩・こしょう ……	各適量

A ┌ 酢きのこの漬け汁 …… 大さじ2
　└ ガラムマサラ ………… 小さじ1/2

作り方

1. 酢きのこは粗みじん切り、キャベツはざく切り、にんにくはみじん切りにする。
2. ふたのできるフライパンにサラダ油と**1**のにんにくを入れて熱し、香りが立ったら**1**の酢きのこを入れてじっくり炒める。**1**のキャベツをかたいところ、やわらかいところの順に加えて炒め、全体に油が回ったら塩（ふたつまみ）をふり、ふたをして弱火でしんなりするまで蒸す。
3. **2**に**A**を入れ、味がからむように炒め、塩、こしょうで味を調える。

赤唐辛子酢

麻婆そぼろ豆腐

酢ごぼう

野菜のかきあげ

野菜・その他

赤唐辛子酢

麻婆そぼろ豆腐

豆腐は十分に水切りすることがポイント。ごはんにのせたり、野菜で巻いて食べても。

保存期間 5日

◆ **材料**（作りやすい分量）

木綿豆腐 ……… 2丁（600g）
にんにく ……… 1片
しょうが ……… 1片
長ねぎ ………… 15cm（約40g）

ごま油 ………… 大さじ2
塩 ……………… 小さじ1/2
A［ 赤唐辛子酢 … 大さじ3
　 しょうゆ …… 大さじ1　1/2 ］

作り方

1. 豆腐はしっかりと水きりする。にんにく、しょうが、長ねぎはみじん切りにする。
2. フライパンにごま油（大さじ1）を入れて熱し、**1**の豆腐を入れて強火でつぶしながら炒める。ぽろぽろになるまでしっかりと炒めて水分をとばし、塩を加えて炒めてとりだす。
3. 同じフライパンに残りのごま油、**1**のにんにく、しょうが、長ねぎを入れて熱し、香りが立ったら**2**を入れて炒める。合わせた**A**を加えて煮汁がなくなるまで炒める。

酢ごぼう

野菜のかきあげ

すりおろしれんこんをつなぎにしています。さつまいもの甘味がホッとします。

保存期間
3日

◆**材料**（4人分）

さつまいも	120g
春菊	50g
れんこん	120g
酢ごぼう	80g
小麦粉	大さじ1

A［
ごぼうの漬け汁	大さじ2
冷水	90ml
小麦粉	80g
塩	ふたつまみ
］

揚げ油	適量
塩（お好みで）	適量

野菜・その他

作り方

1. さつまいもはよく洗い、皮付きのまま5〜6cm長さの細切りにする。春菊は根元のかたい部分を切り落とし、3〜4cm長さに切る。れんこんはきれいに洗う。
2. ボウルに酢ごぼう、**1**のさつまいも、春菊を入れてさっくりと混ぜ、その上に**1**のれんこんを皮ごとすりおろし、もう一度さっくりと混ぜる。
3. **2**に小麦粉を茶こしでふり、野菜にまぶすように混ぜる。
4. 別のボウルに**A**を入れてねばりが出ないように混ぜ、**3**を加えてさっくりと混ぜる。
5. フライパンに揚げ油を170〜180℃に熱し、1/8量ずつ**4**を落とし入れて上下を返しながらカラリと揚げる。
6. 器に盛り、お好みで塩をつけていただく。

217

酢ごぼう

酢きんぴら

酢大根

酢大根のキムチ和え

野菜・その他

酢ごぼう

酢きんぴら

定番のきんぴらにも負けない、あとをひくおいしさです。

保存期間
5日

◆ **材料**（4人分）

ちくわ ……………… 2本
酢ごぼう …………… 160g
赤唐辛子（乾燥）…… 1本
ごま油 ……………… 大さじ2
酒 …………………… 大さじ3
みりん ……………… 大さじ3

作り方

1. ちくわは酢ごぼうに合わせて細切りにする。赤唐辛子は種をとって小口切りにする。
2. フライパンにごま油と**1**の赤唐辛子を入れて熱し、酢ごぼうを入れてしんなりするまでじっくり炒める。酒を加えてさらによく炒める。
3. **2**に**1**のちくわ、みりんを入れて煮汁がなくなるまで炒める。

酢大根

酢大根のキムチ和え

キムチも調味料のひとつ。きちんと素材をまとめてくれます。

保存期間
5日

◆**材料**（4人分）

白菜キムチ ……… 60g
豆もやし ………… 200g
酢大根 …………… 80g
ごま油 …………… 小さじ2

作り方

1. キムチは粗みじん切りにする。豆もやしはひげ根をとる。
2. 鍋に約5カップの湯を沸かし、1の豆もやしを入れて2〜3分ゆでる。ざるにあげて粗熱をとる。
3. ボウルに酢大根、1のキムチ、2、ごま油を入れてよく混ぜる。

野菜・その他

酢ナッツ

ナッツサラダ

酢大豆

こんにゃくの
大豆和え

野菜・その他

223

| 酢ナッツ |

ナッツサラダ

豆好きナッツ好きにはたまらない、カリカリ食感。キリリと冷えた白ワインと合わせたい。

保存期間
3日

◆ **材料**（4人分）

酢ナッツ	100g
紫たまねぎ	1/4個
イタリアンパセリ	適量
塩・こしょう	各適量
さやいんげん	10本
ミックスビーンズ（水煮）	120g

A
- ナッツの漬け汁 …… 大さじ1 1/2
- 粒マスタード …… 小さじ1 1/2
- 砂糖 …… 小さじ1

オリーブオイル …… 大さじ3

作り方

1. 酢ナッツは粗みじん切り、紫たまねぎはみじん切りにする。イタリアンパセリはざく切りにする。
2. ボウルに1の紫たまねぎを入れて塩（少々）をふり、しばらくおいて水で洗ってしっかりと水けを切る。
3. 鍋に約3カップの湯を沸かし、塩（少々）とさやいんげんを入れて2～3分ゆでる。冷水にとって色止めし2cm幅に切る。ミックスビーンズはざるに入れて熱湯を回しかける。
4. 別のボウルにAを入れて混ぜ、オリーブオイルを少しずつ加えながらよく混ぜる。
5. 4に1の酢ナッツ、2、3を入れてよく混ぜる。塩、こしょうで味を調え、1のイタリアンパセリを入れて和える。

酢大豆

こんにゃくの大豆和え

こんにゃくはきちんと乾煎りして下味をつけています。お弁当のおかずにもぜひ。

保存期間
5日

◆**材料**（4人分）

こんにゃく ……………… 1丁
酢大豆 …………………… 30g
A ┌ 大豆の漬け汁 …… 大さじ1
　├ 白みそ …………… 小さじ1
　└ 砂糖 ……………… 小さじ1

B ┌ しょうゆ ……… 大さじ1
　└ みりん ………… 大さじ1
きな粉 …………………… 大さじ1

野菜・その他

作り方

1. こんにゃくは下ゆでして、粗熱がとれたら1cm幅の拍子木切りにする。
2. フードプロセッサーに酢大豆、**A**を入れて撹拌する。
3. 鍋に**1**のこんにゃくを入れて乾煎りする。**B**を加えて煮汁がなくなるまで炒める。
4. ボウルに**2**、**3**を入れて混ぜ、きな粉を加えて和える。

225

酢切干し大根

切干し大根餅

酢こんぶ

焼きたけのこと
わけぎのぬた

野菜・その他

227

> 酢切干し大根

切干し大根餅

じっくり炒めて切り干し大根の甘みを出しています。ヘルシーで子どものおやつにもぴったり。

保存期間
3日

◆ **材料**（4人分）

酢切干し大根 …… 100g
青ねぎ …… 3本
ピーナッツ …… 40g
サラダ油 …… 大さじ2
砂糖 …… 大さじ1
A ┌ 小麦粉 …… 100g
　└ 片栗粉 …… 100g

B ┌ 水 …… 1カップ
　│ しょうゆ …… 小さじ1　1/2
　└ 塩 …… 小さじ1/2
塩（お好みで）…… 適量

作り方

1. 酢切干し大根は絞って粗みじん切りにする（絞り汁はとっておく）。青ねぎは小口切り、ピーナッツは粗みじん切りにする。
2. フライパンにサラダ油（大さじ1）を入れて熱し、**1**の酢切干し大根を入れてじっくり炒める。**1**の絞り汁、砂糖を加え、煮汁がなくなるまで炒める。
3. ボウルに**A**を入れて混ぜ、合わせた**B**を少しずつ入れて混ぜる。
4. **3**に**1**の青ねぎ、ピーナッツ、**2**を加えて混ぜる。
5. フライパンに残りのサラダ油を入れて熱し、**4**を食べやすい大きさの円形に流し入れて両面をこんがりと焼く。
6. 器に盛り、お好みで塩をつけていただく。

酢こんぶ

焼きたけのことわけぎのぬた

たけのこが旬の時期にぜひ作ってほしい一品。サッと焼く一手間は外さないでください。

保存期間
3日

野菜・その他

◆**材料**（4人分）

たけのこ（ゆでたもの）	50g
わけぎ	2束
サラダ油	小さじ1
塩	小さじ1

A
酢こんぶの三杯酢（P64より）	大さじ1　1/2
白みそ	大さじ1
砂糖	大さじ1/2
練り辛子	少々

作り方

1. たけのこは5cm長さの薄切りにする。わけぎはきれいに洗って根元を切り落とす。
2. フライパンにサラダ油を入れて熱し、**1**のたけのこを入れて表面に焼き色をつける。
3. 鍋に約5カップの湯を沸かし塩を入れ、**1**のわけぎを根元から入れて1〜2分ゆでる。ざるにあげて粗熱をとり、包丁の背などでぬめりをとって5cm長さに切る。
4. ボウルに**A**を入れてよく混ぜ、**2**、**3**を入れて和える。

酢こんぶ

こんぶの当座煮

酢こんぶ

白菜の酢こんぶ漬け

野菜・その他

酢こんぶ

こんぶの当座煮

こんぶはだしをとった後もしっかり使えます。懐かしい味がするから不思議。

保存期間
1週間

◆ **材料**（作りやすい分量）

酢こんぶ……………… 30g
A ┌ しょうゆ ……… 大さじ2
　├ 砂糖 …………… 大さじ2
　├ 酒 ……………… 大さじ1
　└ みりん ………… 大さじ1
白いりごま ………… 大さじ1

作り方

1. 酢こんぶは短冊切りにする。
2. 鍋に1とAを入れて弱火で熱し、煮汁がなくなるまでときどき混ぜながら煮る。
3. 2に白ごまを加えて混ぜる。

酢こんぶ

白菜の酢こんぶ漬け

中華料理の辣白菜をイメージしています。山椒の香りで箸がすすみます。

保存期間
5日

野菜・その他

◆**材料**（4人分）

白菜 3枚
塩 小さじ1
A ┌ 酢こんぶの漬け汁 大さじ3
  │ ごま油 大さじ1/2
  │ 砂糖 小さじ1
  └ 山椒 小さじ1/4

作り方

1. 白菜は白い軸と葉に分け、軸は横1cm幅、葉はざく切りにする。
2. ボウルに**1**の白菜、塩を入れて混ぜ、10分ほどおく。
3. **2**の白菜の水分をしっかりと絞って別のボウルに入れる。
4. 鍋に**A**を入れて熱し、煮立ったら火を止めて**3**にかける。10分ほどおいて味をなじませる。

酢かつお節

まいたけとれんこんの
とろとろ酢和え

酢干しえび

きゅうりのうま味漬け

野菜・その他

酢かつお節

まいたけとれんこんのとろとろ酢和え

合わせ酢にとろみをつけるだけで、いつもの酢の物が素敵になります。

保存期間 3日

◆ **材料**（4人分）

まいたけ	80g
れんこん	150g
貝割れ大根	適量
片栗粉	小さじ1/2
塩	少々
酢かつお節の土佐酢（P64より）	1/4カップ

作り方

1. まいたけは石づきがあれば切り落とし食べやすい大きさにほぐす。れんこんは小さめの乱切り、貝割れ大根は食べやすい長さに切る。片栗粉は倍量の水（分量外）で溶いておく。
2. 鍋に約5カップの湯を沸かし塩を入れ、1のまいたけ、れんこんを入れてそれぞれ好みのかたさにゆでる。ざるにあげて粗熱をとる。
3. 小鍋に土佐酢を入れて熱し、煮立ったら1の水で溶いた片栗粉を入れてとろみをつける。
4. 2を器に盛り、3をかけて1の貝割れ大根を飾る。

酢干しえび

きゅうりのうま味漬け

干しえびのうま味をまとった食べ出したら止まらないきゅうりです。

保存期間 5日

◆ **材料**（4人分）

酢干しえび	40g
きゅうり	4本
塩	小さじ1
A ┌ 干しえびの漬け汁	大さじ2
├ しょうゆ	大さじ2
├ コチュジャン	小さじ2
└ 砂糖	小さじ1

野菜・その他

作り方

1. 酢干しえびは粗みじん切りにする。きゅうりは一口大の乱切りにする。
2. ボウルに1のきゅうり、塩を入れて混ぜ、30分ほどおいて少ししんなりしたら水けをきる。
3. 別のボウルに2、1の酢干しえび、合わせたAを入れて混ぜる。しばらくおいて味をなじませる。

酢ひじき

ひじきのさっぱり和え

酢りんご

さっぱりポテトサラダ

野菜・その他

酢ひじき

ひじきのさっぱり和え

煮物だけでなく和え物でも。栄養たっぷりのひじきを作りおきして、いつでも食べられるようにしてみては。

保存期間
3 日

◆ **材料**（4人分）

オクラ	8本
塩	適量
紫たまねぎ	1/2個
酢ひじき	100g
A ┌ めんつゆ（ストレート）	大さじ3
└ みりん（煮切ったもの）	小さじ1〜2

作り方

1. オクラは軸とガクのかたい部分を切り落とし、塩（少々）をふり板ずりする。紫たまねぎは縦に薄切りにして水にさらし、水けをしっかりときる。

2. 鍋に約3カップの湯を沸かし塩（少々）を入れ、1のオクラを入れてサッとゆでる。冷水にとって色止めし、2cm幅に切る。

3. ボウルに酢ひじき、1の紫たまねぎ、2を入れて混ぜ、合わせたAを加えて和える。

＊お使いのめんつゆに合わせて、みりんの量を調節してください。

酢りんご

さっぱりポテトサラダ

マヨネーズを減らしたヘルシーなポテトサラダでも、お酢のうま味と酸味が物足りなさを解消します。

保存期間
3日

野菜・その他

◆**材料**（4人分）

酢りんご	60g
きゅうり	1本
塩・こしょう	各適量
ハム	4枚
じゃがいも	2個（約300g）

A
りんごの漬け汁	大さじ2
マヨネーズ	大さじ2
砂糖	小さじ1　1/2

作り方

1. 酢りんごは2～3mm幅の薄切りにする。きゅうりは薄い輪切りにする。ハムは細切りにする。じゃがいもはきれいに洗う。

2. ボウルに**1**のきゅうりを入れて塩をふり、5分ほどおいてからもんでしっかりと水分を絞る。

3. 鍋に**1**のじゃがいもを皮付きのまま入れ、ひたひたにかぶるくらいの水（分量外）と塩（小さじ1）を入れて熱し、やわらかくなるまでゆでる。ざるにあげて熱いうちに皮をむく。

4. 別のボウルに**3**を入れてフォークなどでざっくりとつぶし、**A**を入れて混ぜる。

5. **4**に**1**の酢りんご、ハム、**2**を入れて混ぜ、塩、こしょうで味を調える。

酢干しぶどう

かぼちゃサラダ

酢オレンジ

野菜・その他

大根のモチモチ揚げ
オレンジソース

酢干しぶどう

かぼちゃサラダ

やさしい甘さの中に、干しぶどうとチーズがいいアクセントになっています。

保存期間 3日

◆**材料**（4人分）

酢干しぶどう	30g
くるみ	30g
プロセスチーズ	20g
かぼちゃ	1/4個（約300g）
干しぶどうの漬け汁	大さじ1
塩・こしょう	各適量
サラダ菜	適量

作り方

1. 酢干しぶどう、くるみは粗みじん切り、プロセスチーズは1cm角に切る。かぼちゃは種とワタをとる。
2. 耐熱容器に**1**のかぼちゃを入れ、ふんわりとラップをして電子レンジ（500W）で7～8分やわらかくなるまで加熱する。とりだして熱いうちに皮をとる。
3. ボウルに**2**、干しぶどうの漬け汁を入れてフォークなどでつぶし、塩、こしょうで味を調える。
4. **3**に**1**の酢干しぶどう、くるみ、チーズを入れて混ぜる。
5. 器にサラダ菜を敷いて、**4**を盛る。

酢オレンジ

大根のモチモチ揚げ
オレンジソース

大根1本を使い切るのに困ったときに、ちょっと工夫して変身させてみましょう。ソースにも大根を入れて。

保存期間
3日

◆**材料**（4人分）

大根	1/3本（約400g）	
青ねぎ	2本	
A ┌ 酢オレンジ	50g	
│ オレンジの漬け汁	大さじ2	
└ みりん	大さじ1	

B ┌ オレンジの漬け汁	大さじ2	
│ 小麦粉	100g	
│ 塩	小さじ1/2	
└ 黒ごま	大さじ1	
揚げ油	適量	
青じそ	適量	

野菜・その他

作り方

1. 大根はすりおろして半量になるように水けをきる。青ねぎは小口切りにする。
2. オレンジソースを作る。鍋に**A**を入れて熱し、酢オレンジをつぶしながら煮詰める。火を止めて**1**の大根おろし（50g）を加えて混ぜる。
3. ボウルに**B**、残りの大根おろし、**1**の青ねぎを入れて混ぜる。
4. 揚げ油を170〜180℃に熱し、**3**をスプーンですくって丸くなるように入れ、上下を返しながらこんがりと揚げる。
5. 器に青じそを敷き、**4**を盛り**2**をつけていただく。

245

酢オレンジ

オレンジティーゼリー

塩麹酢

野菜の塩麹漬け

野菜・その他

酢オレンジ

オレンジティーゼリー

紅茶の香りがほんのり、やさしい味のひんやりデザートです。

保存期間
5日

◆ **材料** (700ml容器分)

酢オレンジ ································· 6房
紅茶 (お好みのもの) ··········· 3カップ
A ┌ オレンジの漬け汁 ······· 大さじ2
　 └ グラニュー糖 ················· 80 ～ 100g
粉ゼラチン ···························· 10g
チャービル ···························· 適量

作り方

1. 酢オレンジは3等分する。
2. 鍋に紅茶とAを入れて熱し、混ぜながらグラニュー糖を溶かす。
3. 沸騰直前で火を止め、粉ゼラチンをふり入れて溶かす。
4. 氷水にあてて冷やしながら混ぜ、とろみが出たら容器に入れて1を散らす。
5. 冷蔵庫に2～3時間入れて冷やしかため、食べやすい大きさに切る。
6. 器に盛り、チャービルを添える。

＊グラニュー糖の量は、好みの甘さになるように調節してください。

塩麹酢

野菜の塩麹漬け

切って混ぜるだけ。べったら漬け風お漬物。

保存期間
5日

野菜・その他

◆ **材料**（作りやすい分量）

かぶ	2個（約260g）	
大根	5cm（約150g）	
赤唐辛子（乾燥）	1本	
A ┌ 塩麹酢	大さじ2	
└ 砂糖	小さじ1　1/2	

作り方

1. かぶは根元から茎を1cmほど残して切り落とし、10等分のくし形切りにして皮をむく。大根は2〜3mm幅のいちょう切りにする。赤唐辛子は種をとって小口切りにする。
2. ボウルに**A**を入れてよく混ぜ、**1**を加えてさらによく混ぜる。
3. **2**を保存容器に入れて冷蔵庫に入れる。半日後から食べられる。

酢梅干し

夏野菜の焼き浸し

黒すりごま酢

野菜・その他

黒ごま蒸しなす

酢梅干し

夏野菜の焼き浸し

食欲が落ち気味の暑い夏には梅干しの酸味が助けてくれます。焼いてから漬けるので香ばしさもおいしさに。

保存期間
5日

◆ **材料**（4人分）

酢梅干し ……… 1個	油揚げ ……………………… 1枚
かぼちゃ ……… 1/6個（約200g）	サラダ油 …………………… 大さじ1〜2
なす …………… 1本	A ┌ 梅干しの漬け汁 …… 大さじ1/2
オクラ ………… 4本	└ だし汁 ………………… 1カップ
塩 ……………… 少々	薄口しょうゆ ……………… 小さじ1/2

作り方

1. 酢梅干しは種をとって包丁で軽くたたく（種はとっておく）。かぼちゃは種とワタをとり5mm幅のくし形切り、なすは縦半分に切って縦1cm幅に切る。オクラは軸とガクのかたい部分を切り落とし、塩をふり板ずりする。油揚げは油抜きをして短冊切りにする。
2. フライパンにサラダ油（大さじ1）を入れて熱し、**1**の酢梅干し以外の野菜と油揚げを入れ、焼き色がつくまでこんがりと焼いてバットにとりだす。途中、油が足りなくなったら足す。
3. 小鍋に**1**の酢梅干し、種、**A**を入れて熱し、煮立ったら薄口しょうゆを入れて火を止める。熱いうちに**2**にかけ、しばらくおいて味をなじませる。

> 黒すりごま酢

黒ごま蒸しなす

電子レンジを使って簡単調理。味付けはしょうがをきかせたシンプルな味わいに。

保存期間 3日

◆ **材料** (4人分)

なす ………………………… 4本
A ┌ 黒すりごま酢 ………… 大さじ2
　├ しょうが(絞り汁) …… 小さじ2
　├ 砂糖 …………………… 小さじ1
　└ 薄口しょうゆ ………… 小さじ1
青じそ ……………………… 適量

作り方

1. なすはヘタを切り落として皮をむき、さっと水にくぐらせて1本ずつラップで包む。
2. 耐熱皿に**1**を並べ、電子レンジ(500W)で8〜9分ほどやわらかくなるまで加熱する。そのまま蒸らし、粗熱がとれたらラップをはずして縦に6等分に裂く。
3. ボウルに**2**を入れ、合わせた**A**を入れて和える。
4. 器に青じそを敷いて、**3**を盛る。

野菜・その他

おわりに

知れば知るほどいいことずくめのお酢、毎日ほんの大さじ1杯をとるだけでその効果は何倍にもなって
私たちのからだに返ってきます。
大切なことは、とる量をゼロにせず毎日少しずつ長い期間とり続けることを守るだけ。

そのために本書で紹介したレシピが少しでもお役に立てば、こんなにうれしいことはありません。

自分のために家族のために、おいしく食べながら心とからだの健康を手に入れていただけますように。
いつまでもいきいき元気でいられますように。
明日からコツコツ、お酢生活を始めましょう。

だいぼう　かおり

［著者紹介］
だいぼう　かおり

料理家　スタイリスト。
イギリス留学を経て編集者に。
料理ページを担当したことをきっかけにフードコーディネーターに師事。
多くの広告、カタログ撮影、レシピ開発に携わる。
著書に『一生使える！家庭のたれ大全』（PHP研究所）がある。
http://www.igottakitchen.com

装幀デザイン　多喜 淳（6C）
本文デザイン　朝日メディアインターナショナル株式会社
撮影　大坊 崇（igotta）
調理アシスタント　松田智香　吉野美香

一生使える！ お酢の作りおき大全

2019年7月17日　第1版第1刷発行
2020年10月20日　第1版第5刷発行

著　者　だいぼう　かおり
発行者　櫛原吉男
発行所　株式会社PHP研究所
京都本部　〒601-8411 京都市南区西九条北ノ内町11
〈内容のお問い合わせは〉教育出版部 ☎ 075-681-8732
〈購入のお問い合わせは〉普及グループ ☎ 075-681-8554
印刷所　図書印刷株式会社

©Kaori Daibo 2019 Printed in Japan　ISBN978-4-569-84468-8
※本書の無断複製（コピー・スキャン・デジタル化等）は著作権法で認められた場合を除き、禁じられています。また、本書を代行業者等に依頼してスキャンやデジタル化することは、いかなる場合でも認められておりません。
※落丁・乱丁本の場合は、送料弊社負担にてお取り替えいたします。